D1923135

Steuerrecht

Monika Seeba

EduMedia

Steuerrecht

Autorin:
Monika Seeba,
Dozentin für Steuerrecht

Herausgeberin:
Dr. Hannelore Bastian
Leiterin der Abteilung Programmqualität der Hamburger Volkshochschule

1. Auflage, POD-5.0 Druckversion vom 02.03.2011

Redaktion: Mathias Repka, Dipl.-Medienwiss.; Ralf Schlötel, Dipl.-Ing.

Layout, Satz und Druck: Educational Consulting GmbH, Ilmenau
Printed in Germany

© 2006 - 2011 EduMedia GmbH, Stuttgart
Alle Rechte, insbesondere das Recht zu Vervielfältigung, Verbreitung oder Übersetzung, vorbehalten. Kein Teil des Werkes darf ohne schriftliche Genehmigung des Verlages in irgendeiner Form reproduziert oder unter Verwendung elektronischer Systeme gespeichert, verarbeitet, vervielfältigt oder verbreitet werden. Der Verlag haftet nicht für mögliche negative Folgen, die aus der Anwendung des Materials entstehen.

Internetadresse: http://www.edumedia.de

ISBN 978-3-86718-**506**-6

Vorwort

Liebe Leserin, lieber Leser,

ich freue mich über Ihr Interesse an der Xpert Business Reihe. Gerade in der heutigen Zeit, in der mehr denn je Interesse und Verständnis für volks- und betriebswirtschaftliche Fragen erwartet werden, spielt auch das Thema Steuerrecht eine wichtige Rolle für die Perspektive am Arbeitsplatz.

Der vorliegende Band wurde entwickelt, um Ihnen das Lernen im Kurs und zu Hause zu erleichtern. Er fasst den Lernstoff aktuell zusammen und hilft, das Mitschreiben zu minimieren. So kann Ihre wertvolle Aufmerksamkeit auf das Kursgeschehen gerichtet bleiben.

Der Inhalt des Bandes ist in enger Zusammenarbeit von Verlag und Masterprüfungszentrale entstanden; die Autorin ist erfahrene Praktikerin.

Ich wünsche Ihnen viel Erfolg, aber auch Freude mit dem vorliegenden Band und hoffe, dass Sie durch die Arbeit mit den Büchern der Reihe Xpert Business nicht nur mehr Wissen und Können, sondern auch noch mehr Spaß am Lernen gewinnen.

Ihr
Dr. Bernd Arnold

Leiter der Masterprüfungszentrale Xpert Business

Anmerkungen:

- *Fachbuch sind bereits wichtige Auszüge aus den Gesetzestexten zitiert. Auch finden Sie im Anhang eine Auflistung der erforderlichen Paragrafen aus den jeweiligen Gesetzen. Ein Abdruck aller relevanten Steuertexte würde den Umfang des Lehrbuches zu sehr ausdehnen, deshalb empfehlen wir folgende Gesetzestexte zur Ergänzung:*
- *Beck'sche Textausgaben, „Aktuelle Steuertexte"; Verlag C.H. Beck, München*
- *NWB-Textausgabe, „Wichtige Steuergesetze mit Durchführungsverordnungen"; Verlag Neue Wirtschafts-Briefe, Herne/Berlin*
- *oder die jeweiligen Einzelsteuergesetze einschließlich der dazugehörigen Durchführungsverordnungen und Richtlinien; insbesondere Abgabenordnung (AO), Bewertungsgesetz (BewG), Einkommensteuergesetz/Einkommensteuerrichtlinien (EStG/EStR), Lohnsteuerdurchführungsverordnung (LStDV), Gewerbesteuergesetz (GewStG), Umsatzsteuergesetz (UStG).*

- *Damit unsere Unterrichtsmaterialien lebendig und lesbar bleiben, haben wir in dem vorliegenden Band auf Wortungetüme wie „LeserInnen" u.ä. verzichtet und stattdessen die männliche Form verwendet. Bitte haben Sie Verständnis für unser Vorgehen, liebe Leserin. Sie sind selbstverständlich ebenso gemeint, wenn wir z.B. von „dem Unternehmer" oder „dem Kaufmann" sprechen.*

Inhaltsverzeichnis

1

Abgabenordnung

Die Abgabenordnung ist das wichtigste allgemeine Steuergesetz, da sie das allgemeine Abgaberecht über die Vielzahl der Einzelgesetze bildet.

In diesem Kapitel erhalten Sie wichtige Informationen und lernen grundsätzliche Regelungen zum betrieblichen Steuerrecht kennen.

Inhalt

- Begriff, Inhalt und Aufgaben des betrieblichen Steuerrechts
- Grundsätzliche Regelungen des betrieblichen Steuerrechts
- Steuererklärung und Buchführungspflicht
- Steuerfestsetzung
- Rechtsschutz im Besteuerungsverfahren

1.1 Begriff, Inhalt und Aufgaben des betrieblichen Steuerrechts

1.1.1 Steuerbegriff

Nach dem deutschen Steuerrecht definiert sich der Begriff Steuer durch den §3 Abs.1 der **Abgabenordnung** (AO) von 1977:

Steuerbegriff (§ 3 Abs.1 AO)

„Steuern sind Geldleistungen, die nicht eine Gegenleistung für eine besondere Leistung darstellen und von einem öffentlich-rechtlichen Gemeinwesen zur Erzielung von Einnahmen allen auferlegt werden, bei denen der Tatbestand zutrifft, an den das Gesetz die Leistungspflicht knüpft; die Erzielung von Einnahmen kann Nebenzweck sein."
Einfuhr- und Ausfuhrabgaben sind Steuern im Sinne dieses Gesetzes.

Folgende Merkmale sind demnach für den Steuerbegriff entscheidend:

Merkmale des Steuerbegriffs

- Steuern sind→ **Zwangsabgaben.**
  Steuern können also aufgrund der staatlichen Finanzhoheit erhoben werden.
- Steuern sind **Geldleistungen.**
  - Steuern können einmalig erhoben werden, z.B. Erbschaftsteuer, Grunderwerbsteuer;
  - Steuern können eine laufende Zahlungspflicht begründen, z.B. Einkommensteuer, Gewerbesteuer.
- Steuern sind nur zu entrichten, wenn eine **ausdrückliche Leistungspflicht** besteht. So unterliegt nicht jede Form des Einkommens der Einkommensteuer, sondern nur bestimmte →**Einkunftsarten**, die im Einkommensteuergesetz einzeln aufgeführt sind; Toto- und Lotteriegewinne sind z.B. keine steuerpflichtigen Tatbestände.
- Steuern sind **keine Gegenleistung** für staatliche Leistungen. Der Staat hat aufgrund seiner Steuereinnahmen keine Gegenleistungspflicht gegenüber dem Steuerpflichtigen. So bemisst sich die Höhe der Steuerabgaben z.B. nicht nach den staatlichen Leistungen, die der Steuerpflichtige in Anspruch nimmt.

Das Prinzip der Steuerlastverteilung erfolgt nach der wirtschaftlichen Leistungsfähigkeit des Steuerpflichtigen, d.h. nach der Fähigkeit des Steuerpflichtigen, zur Finanzierung der staatlichen Ausgaben beizutragen.

grundsätzlich keine Zweckbindung

- Steuereinnahmen des Staates unterliegen grundsätzlich **keiner Zweckbindung.** Sie werden unterschiedslos zur anteiligen Deckung aller Staatsausgaben herangezogen (Grundsatz der Nonaffektation).

Finanzierung der staatlichen Ausgaben

- Steuern haben in erster Linie einen **fiskalischen Zweck.** Zweck ist die Finanzierung der staatlichen Ausgaben. Steuern haben aber auch einen Nebenzweck, nämlich wirtschaftslenkende Aufgaben. Das bedeutet, Ziel der →**Besteuerung** ist u.a. Einflussnahme auf unternehmerische Entscheidungen durch die Gestaltung der Steuerbemessungsgrundlagen, z.B. zur Erreichung bestimmter konjunktureller, sozialer, verkehrs-, umwelt- und gesundheitspolitischer Ziele.

1.1.2 Steuern des Unternehmens

Als Steuern des Unternehmens werden solche →**Steuerarten** bezeichnet, die

- Einfluss auf unternehmerische Entscheidungen haben. Dabei ist es unerheblich, ob diese Steuern vom Unternehmen selbst gezahlt und getragen werden oder ob das Unternehmen diese Steuern über die Preise auf die Abnehmer der Produkte weiterwälzt.

Bei solchen Steuern des Unternehmens lassen sich folgende Kategorien unterscheiden:

Steuerkategorien

- Steuern unabhängig von der Rechtsform des Unternehmens, z.B. Gewerbesteuer, Grundsteuer, Umsatzsteuer;
- Steuern für Kapitalgesellschaften, z.B. Körperschaftsteuer;
- Steuern für →**Unternehmer** oder Mitunternehmer von Personengesellschaften, die diese Steuer persönlich zu zahlen haben, aber deren Gegenstand im Unternehmen erzielt oder eingesetzt wird, z.B. als eine Einkunftsart bei der Einkommensteuer;
- Steuern, die das →**Unternehmen** für andere Steuerpflichtige zahlt, z.B. Lohnsteuer für Arbeitnehmer, Kapitalertragsteuer auf vom Unternehmen ausgeschüttete Dividenden.

1.1.3 Andere Steuerbegriffe

öffentliche Abgaben

- **Öffentliche Abgaben.** Oberbegriff für alle durch Finanzhoheit erhobenen Geldleistungen;
  - generelle Abgaben (ohne Gegenleistung), z.B. Steuern, Einfuhr- und Ausfuhrabgaben;
  - spezielle Abgaben (mit besonderen Gegenleistungen), z.B. Gebühren, Beiträge und Sonderabgaben.

Vorzugslasten: Gebühren und Beiträge

- **Vorzugslasten** (spezielle Abgaben)
  - **Gebühren** stehen konkrete Gegenleistungen gegenüber, z.B. Inanspruchnahme öffentlicher Leistungen, Verwaltungsleistungen.
  - **Beiträge** gewähren, unabhängig ob der Beitragspflichtige die Leistung in Anspruch nimmt, die Möglichkeit der Inanspruchnahme einer öffentlichen Einrichtung, z.B. Sozialversicherungsbeiträge der Arbeitnehmer und -geber, IHK-Beitrag, Erschließungsbeitrag.

Steuerpflichtiger

- **Steuerpflichtiger**, auch Steuersubjekt oder Steuerschuldner genannt. Dieser Begriff ist in § 33 Abs.1 AO definiert: *„Steuerpflichtiger ist, wer eine Steuer schuldet, für eine Steuer haftet, eine Steuer für Rechnung eines Dritten einzubehalten und abzuführen hat, wer eine Steuererklärung abzugeben, Sicherheit zu leisten, Bücher und Aufzeichnungen zu führen oder andere ihm durch die Steuergesetze auferlegte Verpflichtungen zu erfüllen hat."*

Steuergläubiger

- **Steuergläubiger** ist derjenige, der die Steuer zu fordern hat, also Bund, Länder und Gemeinden.

Steuerträger

- **Steuerträger** ist die Person, die die Steuer tatsächlich wirtschaftlich trägt, z.B. der Verbraucher von Tabak, der die von den Unternehmen zu entrichtende Tabak steuer über den Kaufpreis finanziert.

Steuerzahler

- **Steuerzahler** ist derjenige, der die Steuer tatsächlich an das Finanzamt abführt.

Steuerobjekt

- **Steuerobjekt** oder Steuergegenstand ist der Gegenstand (Einkommen, Ertrag, Vermögen) oder Vorgang (Verkauf, Grunderwerb, Kapitalzuführung), auf den die Steuer zu entrichten ist.

Steuerbemessungsgrundlage

- **Steuerbemessungsgrundlage**, Sie bezeichnet die Größe des Steuerobjektes und bestimmt mit Hilfe des Steuertarifs die Höhe der zu zahlenden Steuer, z.B. die Höhe des Einkommens, der Wert des **➔Betriebsvermögens**.

1.1.4 Gliederung des Steuersystems

Eine weit verbreitete Einteilung der verschiedenen Steuern ist die Unterscheidung in:

- **➔direkte Steuern**, d.h.: Besteuerung der Einkommenserzielung aus Ertrag oder Vermögenszuwachs; Prinzip: unmittelbare Erfassung der Leistungsfähigkeit
- **➔indirekte Steuern**, d.h.: Besteuerung der Einkommensverwendung und des-Vermögensverkehrs. Prinzip: mittelbare Erfassung der Leistungsfähigkeit

Die direkten Steuern unterscheiden sich in:

direkte Steuern: Personensteuern und Realsteuern

- **➔Personensteuern** (Subjektsteuern), z.B.
  - Einkommensteuer (inkl. Kapitalertragsteuer und Lohnsteuer),
  - Körperschaftsteuer,
  - Erbschaftsteuer,
  - Kirchensteuer.
- **➔Realsteuern** (Objekt- oder Sachsteuern), z.B.
  - Gewerbesteuer,
  - Grundsteuer.

Weitere Realsteuern außer Grund- und Gewerbesteuern gibt es nicht (§ 3 Abs. 2 AO). Die Realsteuern bilden als Gemeindesteuern eine wesentliche Grundlage der Gemeindefinanzen.

Die indirekten Steuern teilen sich auf in:

indirekte Steuern: Verkehrsteuern, Verbrauchsteuern und Einfuhr- und Ausfuhr. abgaben (Zölle)

- **Verkehrsteuern**, z.B.
  - Umsatzsteuer,
  - Grunderwerbsteuer,
  - Versicherungsteuer,
  - Kraftfahrzeugsteuer,
  - Rennwett- und Lotteriesteuer.
- **Verbrauchsteuern**, z.B.
  - Mineralölsteuer,
  - Tabaksteuer,
  - Steuern auf Lebensmittel und Getränke,
  - sonstige Verbrauch- und Aufwandsteuern.
- **Einfuhr- und Ausfuhrabgaben** (Zölle).

1.1.5 Gliederung der Steuern nach dem Steuergläubiger

Das Bundesfinanzministerium teilt die empfangenen Steuern nach dem Art. 106 des Grundgesetzes (GG) ein, d.h. der Ertrag der Finanzmonopole und das Aufkommen der folgenden Steuern stehen dem Bund zu (Ertragshoheit).

- **Bundessteuern** (Art.106 Abs.1 GG)
  - Einfuhr- und Ausfuhrabgaben,
  - Verbrauchsteuern (soweit sie nicht Ländern oder Gemeinden zustehen),
  - Straßengüterverkehrsteuern,
  - Versicherungsteuer,
  - Lastenausgleichsabgaben,
  - Ergänzungsabgabe zur Einkommen- und Körperschaftsteuer,
  - Abgaben im Rahmen der Europäischen Union.

Bundessteuern

- **Gemeinschaftssteuern** (gemeinsame Steuern von Bund und Ländern – Art. 106 Abs. 3 GG)
  - Einkommensteuer (inkl. Lohn- und Kapitalertragsteuer),
  - Körperschaftsteuer,
  - Umsatzsteuer (inkl. Einfuhrumsatzsteuer).

Gemeinschaftssteuern

- **Ländersteuern** (Steueraufkommen steht den Ländern zu – Art. 106 Abs. 2 GG)
  - Vermögensteuer,
  - Erbschaftsteuer,
  - Kraftfahrzeugsteuer,
  - Verkehrsteuern (soweit sie nicht dem Bund oder Bund/Ländern zustehen),
  - Biersteuer,
  - Spielbankenabgabe.

Ländersteuern

- **Gemeindesteuern** (Steueraufkommen steht den Gemeinden bzw. Gemeindeverbänden zu – Art. 106 Abs. 5,6 GG)
  - Gewerbesteuer,
  - Grundsteuer,
  - örtliche Verbrauch- und Aufwandsteuern,

Gemeindesteuern

1.1.6 Steuerliche Nebenleistungen

Als **steuerliche Nebenleistungen** werden solche zu zahlenden Gelder bezeichnet, die aufgrund besonderer Umstände zusätzlich zu der erhobenen Steuer an den Steuergläubiger abzuführen sind.

Solche Nebenleistungen sind (§ 3 Abs.4 AO):

- **Verspätungszuschläge.** Diese werden erhoben, wenn der Steuerpflichtige seiner Pflicht zur fristgerechten Abgabe der Steuererklärung nicht nachkommt. Er darf 10 % der festgesetzten Steuer nicht übersteigen und höchstens 25.000,00 € betragen (§ 152 AO).

Verspätungszuschläge

- **Kosten.** Diese werden berechnet für besondere Leistungen der Zollbehörden – kostenpflichtige Amtshandlungen – (§ 178 AO) und für den Finanzbehörden entstehende Kosten durch Vollstreckungsmaßnahmen – z.B. Zustellungskosten, Reisekosten usw. – (§§ 337 – 345 AO).

Kosten

Säumniszuschläge

- **Säumniszuschläge.** Diese werden berechnet, wenn die festgesetzte Steuer nicht bis zum Ablauf des Fälligkeitstages entrichtet wird. Für jeden angefangenen Monat wird ein Säumniszuschlag von 1 % des abgerundeten rückständigen Steuerbetrages berechnet; abzurunden ist auf den nächsten durch 50➔€ teilbaren Betrag (§ 240 AO).

Zinsen

- **Zinsen.** Diese können gefordert werden bei Steuernachforderung (§ 233a AO), bei gestundeter Steuer (§ 234 AO), bei hinterzogener Steuer (§ 235 AO) und bei Aussetzung der Vollziehung aufgrund von Anfechtung (§ 237 AO). Zinsen dürfen nicht berechnet werden für steuerliche Nebenleistungen.

Zwangsgelder

- **Zwangsgelder.** Will die Finanzbehörde einen ➔**Verwaltungsakt** durchsetzen, der auf eine Handlung, Duldung oder Unterlassung des Steuerpflichtigen gerichtet ist, kann sie ihm ein Zwangsgeld bis zu 25.000,00 € auferlegen (§ 329 AO).

Zuschläge

- **Zuschläge.** Hat die Finanzbehörde aufgrund mangelnder Mitwirkungspflicht des Steuerpflichtigen die Besteuerungsgrundlage zu schätzen, so ist ein Zuschlag von wenigstens 5.000,00 € zu erheben (§ 162, Abs. 4 AO).

1.2 Grundsätzliche Regelungen des betrieblichen Steuerrechts

1.2.1 Örtliche Zuständigkeit

örtliche Zuständigkeit

Die **örtliche Zuständigkeit** der Finanzbehörden richtet sich – soweit nichts anderes bestimmt ist (§ 17 AO)

- bei land- und forstwirtschaftlichen Betrieben, Grundstücken und Betriebsgrundstücken nach dem Bezirk, in dem der Betrieb oder das Grundstück (bzw. deren wertvollster Teil) liegt;
  - ➔**Lagefinanzamt**; (§§ 18 Abs. 1 Nr. 1, 22 AO)
- bei Gewerbebetrieben, Körperschaften, Personenvereinigungen und Vermögensmassen nach dem Bezirk, in dem sich die Geschäftsleitung befindet; wenn es keine Geschäftsleitung gibt, nach dem Bezirk, in dem sich die Betriebsstätte bzw. das Vermögen oder der überwiegende Teil des Vermögens befindet;
  - ➔**Betriebsfinanzamt**; (§§ 18 Abs. 1 Nr. 2, 20, 22 AO)
- bei natürlichen Personen in Bezug auf die Einkommensteuer nach dem Bezirk, in dem die Person ihren Wohnsitz hat;
  - ➔**Wohnsitzfinanzamt**; (§ 19 AO)
- bei der Umsatzsteuer nach dem Bezirk, von dem aus der Unternehmer das Unternehmen betreibt. Muss Umsatzsteuer von einer Person abgeführt werden, die kein Unternehmer ist, richtet sich die örtliche Zuständigkeit nach dem Bezirk, in dem die Person ihren Wohnsitz hat;
  - ➔**Unternehmensfinanzamt**; (§ 21 AO)
- bei Realsteuern nach dem Finanzamt, zu dessen Bezirk die hebeberechtigte Gemeinde gehört; bei der Grundsteuer das Lagefinanzamt, bei der Gewerbesteuer das Betriebsfinanzamt (§ 22 AO);
- bei Einfuhr- und Ausfuhrabgaben und Verbrauchsteuern nach dem Hauptzollamt, in dessen Bezirk die Steuerschuld entsteht (§ 23 AO).

Die sachliche Zuständigkeit richtet sich nach dem Gesetz über die Finanzverwaltung (FVG) und soll hier nicht näher behandelt werden.

sachliche Zuständigkeit

Einen Überblick über die Behördenhierarchie gibt die folgende Zusammenstellung (vgl. auch § 6 Abs. 2 AO):

Übersicht der wichtigsten Finanzbehörden

Instanz	**Bundesfinanzbehörden**	**Landesfinanzbehörden**
Oberste Behörde	Bundesminister der Finanzen	Landesfinanzminister Finanzsenator
Oberbehörden	Bundesschuldenverwaltung Bundesmonopolverwaltung für Brandwein Bundesamt für Finanzen Bundesaufsichtsamt für Kreditwesen Bundesaufsichtsamt für Versicherungswesen	
Mittelbehörden	Oberfinanzdirektoren	
örtliche Behörden	Hauptzollämter einschl. ihrer Dienststellen Zollfahndungsämter Bundesvermögensämter Bundesforstämter	Finanzämter

1.2.2 Verwaltungsakt

Nach § 118 AO ist ein (Steuer-)Verwaltungsakt *„(...) jede Verfügung, Entscheidung oder andere hoheitliche Maßnahme, die eine Behörde zur Regelung eines Einzelfalls auf dem Gebiet des öffentlichen Rechts trifft und die auf unmittelbare Rechtswirkung nach außen gerichtet ist."*

Definition Verwaltungsakt (§ 118 AO)

Demnach hat ein Verwaltungsakt rechtsbindende Wirkung für denjenigen, der davon betroffen ist. Gegen einen Verwaltungsakt kann der Betroffene bestimmte Rechtsbehelfe einlegen. Daher muss er wissen, ob die ihn betreffende Maßnahme ein Verwaltungsakt ist oder nicht.

Ein **Verwaltungsakt** muss folgende Merkmale erfüllen:

Merkmale eines Verwaltungsaktes

- hoheitliche Maßnahme behördlicher Art,
- Regelung des Einzelfalles,
- unmittelbare Außenwirkung.

Typische Verwaltungsakte sind z.B.

- Steuerbescheid,
- Stundung einer Steuerforderung,
- Festsetzung von Zwangsmitteln,
- Gewährung einer Buchführungserleichterung.

Keine Verwaltungsakte sind z.B.

- Mahnungen, Hinweise, Belehrungen, unverbindliche Auskünfte wegen fehlender Außenwirkung,
- Gesetze, Verordnungen und Richtlinien wegen fehlendem Einzelfall-Charakter,
- privatrechtliche Verträge der Finanzbehörden mit Dritten wegen fehlenden Bezugs zu öffentlichem Recht.

Bekanntgabe des Verwaltungsaktes

Rechtswirksamkeit des Verwaltungsaktes

Rechtswirksam wird ein Verwaltungsakt jedoch erst dann, wenn er dem Betroffenen zur Kenntnis gelangt (§ 124 AO). Dies kann mündlich, schriftlich oder auch in anderer Weise erfolgen, z.B. durch öffentliche Bekanntgabe (§ 119 AO). Steuerbescheide müssen schriftlich oder elektronisch erfolgen.

Als zur Kenntnis gelangt gilt der Verwaltungsakt dann, wenn er in den Machtbereich des Empfängers gelangt und ihm die Kenntnisnahme möglich ist.

Bekanntgabe eines Verwaltungsaktes (§ 122 Abs.2 AO)

„Ein schriftlicher Verwaltungsakt, der durch die Post übermittelt wird, gilt als bekannt gegeben (...) bei einer Übermittlung im Inland am dritten Tage nach der Aufgabe zur Post (...).“ (§ 122 Abs.2 AO)

Fällt dieser (3.)Tag auf einen Samstag, Sonntag oder gesetzlichen Feiertag, verlängert sich die Frist zwischen Aufgabe zur Post und der vermuteten **Bekanntgabe** bis zum nächstfolgenden Werktag (BFH, Urteil vom 23.09.2003). Bei einer Übermittlung im Ausland einen Monat nach Aufgabe zur Post.

Mit dem Zeitpunkt der Kenntnisnahme durch den Empfänger setzt ein:

- die Bindung der Behörde an den Verwaltungsakt,
- die Vollziehbarkeit des Verwaltungsaktes,
- die Laufzeit der Rechtsbehelfsfrist.

Nichtigkeit eines Verwaltungsaktes

Ein Verwaltungsakt kann nichtig, d.h. ohne Rechtsfolge, sein, wenn er

- an einem besonders schweren Fehler leidet (§ 125 Abs.1 AO),
- inhaltlich nicht hinreichend bestimmt ist (§ 119 Abs.1 AO).

1.2.3 Fristen

Nach § 108 Abs.1 AO gelten im Steuerrecht die gleichen **Fristregelungen** wie im Bürgerlichen Gesetzbuch (BGB), bis auf genau bezeichnete Ausnahmen:

Fristbeginn

Eine Frist, die von einer Behörde gesetzt wird, beginnt mit dem Tage, der auf die Bekanntgabe der Frist folgt, wenn nicht ausdrücklich ein anderer Tag bestimmt wurde (§§ 108 Abs.2 AO; 187 BGB).

Beispiel 1.1
Fristbeginn

In einem Steuerbescheid (Verwaltungsakt), der dem Betroffenen am 01.02. postalisch zugeht (vgl. § 122 Abs.2 AO), steht „gegen diesen Bescheid kann innerhalb von 14 Tagen ein Rechtsmittel eingelegt werden“ **(Rechtsbehelfsverfahren).** Tag des Fristbeginns ist also der 02.02., es sei denn, dieser Tag ist ein Samstag, Sonntag oder Feiertag: dann ist der nächstfolgende Werktag maßgeblich.

Ausnahme: Der Fristbeginn ist in dem Bescheid anders definiert. Der Beginn der Frist für die Einlegung von Rechtsmitteln für den o.a. Bescheid ist für den 05.02. festgelegt. Dann beginnt die Frist am 05.02., 0.00 Uhr (§ 187 Abs.2 BGB).

Fristende

Fällt das Ende der Frist auf einen Samstag, Sonntag oder einen gesetzlichen Feiertag, so endet die Frist mit dem Ablauf des nächsten Werktages (§§ 108 Abs.3 AO; 193 BGB).

Ausnahmen bei Fristende

Ist der Fristablauf als Datum genannt (fester Termin), so endet die Frist mit Ablauf dieses Tages, auch wenn dieser Tag ein Samstag, Sonntag oder gesetzlicher Feiertag ist (§ 108 Abs.5 AO).

Hat die Behörde Leistungen für einen bestimmten Zeitraum zu erbringen, z.B. Stundung der Steuerschuld für drei Monate, so endet dieser Zeitraum auch dann, wenn der letzte Tag ein Samstag, Sonntag oder gesetzlicher Feiertag ist (§ 108 Abs.4 AO).

Ist eine Frist nach Stunden bestimmt, so zählen Samstage, Sonntage und gesetzliche Feiertage mit.

Verlängerung von Fristen

Fristen, die eine Finanzbehörde gesetzt hat, können verlängert werden. Dies ist auch dann möglich, wenn die Frist bereits abgelaufen ist (rückwirkende Verlängerung). Die Entscheidung darüber hat die zuständige Finanzbehörde zu fällen (§ 109 Abs.1 AO).

Die Verlängerung der Frist kann abhängig gemacht werden von z.B.

- Sicherheitsleistungen (Zahlungsmittel, Wertpapiere, Spareinlagen, Grundpfandrechte u.a. nach den §§ 241, 242 AO),
- Nebenbestimmungen (Auflagen, Handlungen, Duldungen, Unterlassungen u.a. nach § 120 AO).

Ob die **Fristverlängerung** an eine solche Maßnahme gebunden wird, steht im Ermessen der zuständigen Finanzbehörde.

Wiedereinsetzung in den vorigen Stand

War jemand ohne Verschulden verhindert, eine Frist einzuhalten, muss ihm auf Antrag eine Wiedereinsetzung in den vorigen Stand gewährt werden (§ 110 Abs.1 AO).

Dieser Antrag ist spätestens einen Monat nach Wegfall des Hindernisses zu stellen. Ist der Antrag nicht innerhalb eines Jahres nach Fristablauf gestellt, unabhängig davon, ob der Hinderungsgrund noch besteht, kann keine **Wiedereinsetzung in den vorigen Stand** mehr erfolgen; es sei denn im Falle höherer Gewalt (§ 110 Abs.2, 3 AO).

1.3 Steuererklärung und Buchführungspflicht

1.3.1 Buchführungspflicht

Buchführungspflicht (§ 140 AO)

Nach § 140 AO ist derjenige auch für steuerliche Zwecke zur Buchführung verpflichtet, der aufgrund anderer Gesetze einer Buchführung unterliegt:
Automatisch ins Steuerrecht übernommen werden also alle Buchführungspflichtigen nach dem Handelsgesetzbuch (HGB), der Gewerbeordnung (GewO) und anderen Gesetzen, die eine **Buchführungspflicht** vorsehen.

Buchführungspflicht (§ 141 Abs.1 AO)

Wer nicht nach § 140 AO buchführungspflichtig ist und Gewerbetreibender oder Land- oder Forstwirt ist, ist aus steuerlichen Gründen zur Buchführung verpflichtet, wenn der Betrieb nach dem 31.12.2006 eine der folgenden Grenzen überschreitet (§ 141 Abs.1 AO):

- Umsatz mehr als 500.000,00 € pro Kalenderjahr oder
- Gewinn mehr als 50.000,00 € pro ➔**Wirtschaftsjahr/Kalenderjahr** oder
- selbst bewirtschaftete Flächen mit einem Wirtschaftswert (§ 46 BewG) von mehr als 25.000,00 €.

Dies gilt nicht für Angehörige freier Berufe. Weiterhin ergibt sich eine Buchführungspflicht nach bestimmten Einzelsteuergesetzen; z.B.

- nach § 2 Abs.1 UStG (Unternehmer i.S. des UStG);
- nach § 38 EStG (Arbeitgeber, die Lohnsteuer für Arbeitnehmer einbehalten);
- nach §§ 4 und 5 EStG (Steuerpflichtige, die bestimmte Aufwendungen getrennt aufzeichnen müssen);
- nach § 44 EStG (Steuerpflichtige, die zur Einbehaltung und Abführung von Kapitalertragsteuer verpflichtet sind).

1.3.2 Steuererklärung

Form der Steuererklärung

Abgabe der Steuererklärung

Grundsätzlich sind alle Steuerpflichtigen zur **Abgabe einer Steuererklärung** verpflichtet (§ 149 Abs.1 AO).

Außerdem ist derjenige zur Abgabe einer **Steuererklärung** verpflichtet, den das Finanzamt zur Abgabe auffordert. Das dient dazu, festzustellen, ob jemand steuerpflichtig ist oder nicht.

Steuererklärungen sind spätestens 5 Monate nach dem Kalenderjahr oder einem gesetzlich bestimmten Zeitpunkt, auf den sich die Steuererklärung bezieht, abzugeben (§ 149 Abs.2 AO).

Ausnahmen zur Abgabe der Steuererklärung

Wird die Erklärung von einem Angehörigen steuerberatender Berufe abgegeben, wird die Frist bis zum 31.12. des Folgejahres verlängert.

Die Steuererklärung hat auf einem **amtlich vorgeschriebenen Vordruck** zu erfolgen, die sowohl amtlich als auch privat gedruckt worden sein können.

Ausnahmen

Ausnahme des amtlich vorgeschriebenen Vordrucks: Es können auch mündliche Steuererklärungen (§ 150 Abs.1 AO) abgegeben werden, wenn der Steuerpflichtige nicht in der Lage ist, die Erklärung schriftlich abzufassen bzw. die gesetzlich vorgeschriebene Selbstberechnung der Steuer nicht vornehmen kann aus Gründen

- mangelnder geschäftlicher Erfahrung,
- mangelnder Sprachkenntnisse,
- fehlender finanzieller Mittel zur Inanspruchnahme eines Steuerberaters (§ 151 AO).

Im Bereich der Zollgesetze sind mündliche Steuererklärungen i.d.R ebenso zugelassen.

Inhalt der Steuererklärung

Ist eine **Selbstberechnung** der Steuer in der Erklärung vorgeschrieben, so wird diese Erklärung **Steueranmeldung** genannt.

Selbstberechnung der Steuer: Steueranmeldung

Die Selbstberechnung wird durch einzelne Steuergesetze vorgeschrieben, z.B. bei der

- Umsatzsteuervoranmeldung (§ 18 Abs.1 UStG),
- Lohnsteueranmeldung (§ 41a Abs.1 EStG),
- Kapitalertragsteueranmeldung (§ 45a EStG).

Ist die Steuererklärung eines Steuerpflichtigen eine Steueranmeldung, also eine Steuererklärung, in der die Höhe der Steuer von dem Steuerpflichtigen selbst ausgerechnet werden muss, so steht diese Steueranmeldung einer Steuerfestsetzung unter dem Vorbehalt der Nachprüfung gleich (§ 168 AO).

Führt die Steueranmeldung zu einer Herabsetzung der bisherigen Steuerhöhe oder zu einer Steuervergütung, so muss die Finanzbehörde erst zustimmen.

Ausnahmen

Ergibt eine Prüfung ein Abweichen der Steuerfestsetzung seitens des Finanzamtes oder wird die Steueranmeldung nicht fristgerecht abgegeben, so wird ein Steuerbescheid nach § 155 AO erlassen.

Für alle Steuererklärungen gilt, dass alle Angaben nach bestem Wissen und Gewissen zu machen sind. Dies ist zu unterschreiben, wenn der Vordruck es vorsieht (§ 150 Abs.2 AO).

Gewissensprüfung

Ansonsten wird der Inhalt der Steuererklärungen in den Einzelsteuergesetzen und Ausführungsbestimmungen vorgeschrieben und ist aus den jeweiligen amtlich zugelassenen Vordrucken zu entnehmen.

Ebenfalls durch Einzelsteuergesetze geregelt ist, welche Unterlagen der Erklärung beizufügen sind.

Ermittelt der Steuerpflichtige seinen Gewinn nach den §§ 4 Abs.1 oder Abs.5 EStG, so sind der Steuererklärung eine Abschrift der Bilanz, der Gewinn- und Verlust(GuV)-Rechnung und auf Verlangen die Hauptabschlussübersicht beizufügen.

Beispiel für Unterlagen zur Steuererklärung

Verspätungszuschlag

Gibt der Steuerpflichtige seine Steuererklärung nicht oder nicht fristgerecht ab, so kann ihm das Finanzamt einen **Verspätungszuschlag** (§ 152 AO) auferlegen.

Der Verspätungszuschlag soll dazu dienen, den Steuerpflichtigen zur rechtzeitigen Abgabe der Erklärung anzuhalten.

Die Höhe des Verspätungszuschlages richtet sich nach

Höhe des Verspätungszuschlages

- Dauer der Fristüberschreitung,
- Höhe der Steuerschuld,
- Verschulden des Steuerpflichtigen und
- wirtschaftlicher Leistungsfähigkeit des Steuerpflichtigen.

Sie darf 10 % der geschuldeten Steuer nicht übersteigen, höchstens jedoch 25.000,00 € betragen (§ 152 Abs.2 AO).

1.4 Steuerfestsetzung

Steuerbescheid

Auf der Grundlage der Steuererklärung des Steuerpflichtigen wird das Finanzamt nach Sachaufklärung und Ermittlung der Besteuerungsgrundlagen den Steueranspruch festsetzen (§ 155 Abs.1 AO). Dieser wird dem Steuerpflichtigen in Form eines **Steuerbescheides** (§ 157 AO) bekannt gegeben.

Ebenfalls ein **Steuerbescheid** ist die volle oder teilweise Freistellung von der Steuer und die Ablehnung eines Antrages auf Steuerfestsetzung.

Abweichungen vom Steuerbescheid

Abweichend vom Steuerbescheid können die

- Besteuerungsgrundlagen durch einen Feststellungsbescheid und die
- Steuermessbeträge durch Steuermessbescheide

festgestellt werden.

Form des Steuerbescheides

Steuerbescheide sind schriftlich als so genannte **förmliche Steuerbescheide** zu erteilen (§ 157 Abs.1 AO).

Ausnahme förmlicher Steuerbescheide

Ausnahme:

- Umsatzsteuer (schriftlicher Steuerbescheid nur, wenn der Steuerbetrag von der Anmeldung abweicht).

Inhalt des Steuerbescheides

Angaben eines Steuerbescheides

Ein Steuerbescheid muss folgende Angaben enthalten:

- die Höhe der festgesetzten Steuer,
- die Art der Steuer,
- die Bezeichnung des Steuerschuldners,
- eine Belehrung, welche Rechtsbehelfe zulässig sind, in binnen welcher Frist bei welcher Behörde er einzulegen ist,
- die Besteuerungsgrundlagen,
- eine Anweisung über die Entrichtung der Steuer,
- Positionen, bei denen von der Steuererklärung abgewichen wurde (§ 157 Abs.1 AO).

Schätzung der Besteuerungsgrundlagen

Wenn das Finanzamt die Besteuerungsgrundlagen nicht ermitteln oder errechnen kann, muss die Grundlage geschätzt werden (§ 162 AO).

Geschätzt wird, wenn der Steuerpflichtige

- über seine Angaben keine hinreichende Aufklärung geben kann,
- weitere Auskunft oder eidesstattliche Versicherung verweigert,
- seine Mitwirkungspflicht nach § 90 Abs.2 AO verletzt,
- Bücher oder Aufzeichnungen nicht vorlegen kann oder diese
- sachlich nicht richtig sind nach § 158 AO.

Die Schätzung der Besteuerungsgrundlagen von Seiten des Finanzamtes befreit den Steuerpflichtigen aber nicht von der Abgabe einer Steuererklärung.

Steuerbescheid unter dem Vorbehalt der Nachprüfung

Eine Steuer kann unter dem Vorbehalt der Nachprüfung festgesetzt werden, wenn ein Steuerfall nicht abschließend geprüft ist (§ 164 AO). Dieser Vorbehaltsbescheid hat alle Wirkungen eines normalen Bescheides; d.h.,

- die Steuer ist fristgerecht zu entrichten,
- auf der Grundlage des Bescheides kann vollstreckt werden.

Dadurch wird das Besteuerungsverfahren beschleunigt, denn die Steuer wird nur aufgrund der Angaben des Steuerpflichtigen festgesetzt.

- Der Vorbehalt der Nachprüfung kann jederzeit aufgehoben werden; er muss aufgehoben werden, wenn eine Außenprüfung die Angaben des Steuerpflichtigen bestätigt.
- Solange der Vorbehalt jedoch besteht, kann die Steuerfestsetzung jederzeit zugunsten oder zuungunsten des Steuerpflichtigen aufgehoben oder verändert werden.
- Läuft die Vorbehaltsfrist ab, hat der Bescheid automatisch Bestandskraft.

1.5 Rechtsschutz im Besteuerungsverfahren

Damit sich der Steuerpflichtige gegen etwaige falsche Entscheidungen oder Verstöße der Finanzbehörde gegen die Rechtsordnung wehren kann, stehen ihm bestimmte Maßnahmen des Rechtsschutzes, so genannte Rechtsbehelfe, zur Verfügung.

So gibt es:

außerordentliche Rechtsbehelfe

- **außerordentliche Rechtsbehelfe**, gesetzliche Grundlage: Petitionsrecht nach Art. 17 GG

ordentliche Rechtsbehelfe

- **ordentliche Rechtsbehelfe**. gesetzliche Grundlagen: Abgabenordnung und Finanzgerichtsordnung

Die **ordentlichen Rechtsbehelfe** teilen sich ein in

- **außergerichtliche Rechtsbehelfe** (Einspruch)
- **finanzgerichtliche Rechtsbehelfe** (Klage beim Finanzgericht, Revision beim BFH)
- **verfassungsgerichtliche Rechtsbehelfe** (Normenkontrollklage, Verfassungsbeschwerde)

Im täglichen Umgang mit Finanzbehörden spielt jedoch nur der außergerichtliche Rechtsbehelf Einspruch eine wesentliche Rolle.

Voraussetzung für einen Einspruch

Voraussetzungen für einen **Einspruch** sind:

- **Wahrung der Einspruchsfrist:** grundsätzlich einen Monat nach Bekanntgabe des Verwaltungsaktes (§ 355 AO).
  Ausnahme: Ist bei schriftlichen Verwaltungsakten eine schriftliche Rechtsbehelfsbelehrung unterblieben, ein Jahr nach Bekanntgabe des Verwaltungsaktes (§ 356 AO).
- **schriftliche Form:** Es genügt, wenn aus dem Schriftstück hervor geht, wer den Einspruch eingelegt hat; eine unrichtige Bezeichnung schadet nicht. Ferner soll der Einspruch enthalten, welcher Verwaltungsakt inwieweit angefochten wird (§ 357 AO).

- **berechtigte Person:** grundsätzlich darf nur derjenige einen Einspruch einlegen, der durch den jeweiligen Verwaltungsakt betroffen (beschwert) ist (§ 350 AO). D.h., beschwert ist nur die Person, die durch den Verwaltungsakt inhaltlich unmittelbar selbst (**subjektive Beschwer**) betroffen ist. Dabei tritt die **objektive Beschwer** bei Steuerbescheiden grundsätzlich nur durch die Höhe der Steuer ein; nicht durch einzelne Besteuerungsgrundlagen.
- **zuständige Behörde:** der Einspruch ist bei der Behörde anzubringen, deren Verwaltungsakt angefochten wird. Wird der Einspruch an eine falsche Behörde übermittelt, so ist das unschädlich, wenn diese Behörde den Einspruch innerhalb der Frist an die zuständige Behörde weiterleitet (§ 357 Abs.2 AO).

Einspruch

Einspruch als Rechtsbehelf gegen Verwaltungsakte

Der Einspruch (§ 347 Abs.1 AO) ist als Rechtsbehelf gegen Verwaltungsakte

- in Abgabenangelegenheiten, auf die dieses Gesetz Anwendung findet,
- in Verfahren zur Vollstreckung von Verwaltungsakten,
- in öffentlich-rechtlichen und berufsrechtlichen Angelegenheiten sowie
- in anderen durch die Finanzbehörde verwalteten Angelegenheiten statthaft.

D.h. ein Einspruch kann gegen alle Verwaltungsakte eingelegt werden, die für die Festsetzung von Steuern verbindlich sind, z.B.

- Steuerbescheide,
- Steuervergütungsbescheide,
- Steueranmeldungen,
- Feststellungsbescheide,
- Steuermessbescheide
- sowie u.a. gegen Verwaltungsakte über Zinsen und Kosten.

Die Finanzbehörde, die den Verwaltungsakt, gegen den ein Einspruch eingelegt wurde, erlassen hat, entscheidet über den Einspruch, nachdem sie die Sache in vollem Umfang erneut geprüft hat (Einspruchsentscheidung § 367 AO).

Die Finanzbehörde kann den Verwaltungsakt auch zum Nachteil des Betroffenen ändern, wenn dieser darauf hingewiesen wurde und ihm Gelegenheit gegeben wurde, sich dazu zu äußern.

nicht statthafter Einspruch

Der Einspruch ist nicht statthaft (§ 348 AO):

- **gegen Einspruchsentscheidungen** (§ 367 AO). Wird ein Steuerbescheid mit einem Einspruch angefochten, muss trotzdem grundsätzlich die durch diesen Steuerbescheid angeforderte Steuerzahlung bezahlt werden (§ 361Abs.1 AO). Um das zu verhindern, sollte bereits im Einspruchsschreiben auch die *„Aussetzung der Vollziehung"* (§ 361 Abs. 2 Sa tz 1 AO) beantragt werden. Allerdings hat der Aussetzungsantrag nur dann Aussicht auf Erfolg, wenn es mit der im Einspruch eingelegten Begründung gelingt, beim Finanzamt „ernstliche Zweifel an der Rechtmäßigkeit des angefochtenen Verwaltungsakts" zu erwecken (§ 361 Abs. 2 Satz 2 AO).
- bei **Nichtentscheidung** über einen Einspruch,
- gegen Verwaltungsakte der **obersten Finanzbehörden** des Bundes und der Länder
- sowie gegen Entscheidungen des **Zulassungsausschusses**
- und des **Prüfungsausschusses** der Oberfinanzdirektionen in Angelegenheiten des Steuerberatungsgesetzes.

Wird der Einspruch ganz oder teilweise akzeptiert, muss die Behörde den Verwaltungsakt aufheben oder ändern.

Wird der Einspruch abgelehnt, so hat eine Einspruchsentscheidung schriftlich unter der Angabe der Gründe der Ablehnung an den Betroffenen zu ergehen. Dieser hat dann die Möglichkeit, gegen die Ablehnung zu klagen.

Praxisübungen

Die Lösungen finden Sie im Band „Steuerrecht – Übungen & Musterklausuren" dieser Fachbuchreihe.

Aufgabe 1

- Das Prinzip der Steuerlastverteilung soll die wirtschaftliche Leistungsfähigkeit des Steuerpflichtigen berücksichtigen.

a) Kann der Staat demnach jede Form von wirtschaftlicher Leistung besteuern oder muss eine ausdrückliche Leistungspflicht bestehen?

....

....

....

b) In welcher Form und wie oft können Steuern erhoben werden?

....

....

....

Aufgabe 2

- Welchen Zweck haben Steuern für den Fiskus?

....

....

....

Aufgabe 3

- Grenzen Sie den Steuerbegriff von den Begriffen „öffentliche Abgaben" und „Vorzugslasten" ab. Geben Sie jeweils drei Beispiele für Gebühren und Beiträge.

....

....

....

Aufgabe 4

◆ Die wirtschaftliche Leistungsfähigkeit des Steuerpflichtigen kann über „direkte" und „indirekte" Steuern erfasst werden. Erläutern Sie die Begriffe.

....

....

....

Aufgabe 5

◆ Der Gesetzgeber sagt: „Steuerliche Nebenleistungen gelten als Steuern im Sinne des Gesetzes". Nennen und erläutern Sie drei steuerliche Nebenleistungen.

....

....

....

Aufgabe 6

◆ In der örtlichen Zuständigkeit werden das Lagefinanzamt und das Betriebsfinanzamt unterschieden. Welche steuerlich relevanten Tatbestände geben Auskunft darüber, wann welches dieser Finanzämter zuständig ist?

....

....

....

Aufgabe 7

◆ Für den Steuerpflichtigen ist es im Hinblick auf eventuell einzulegende Rechtsmittel von Bedeutung, ob eine Mitteilung des Finanzamtes ein Verwaltungsakt ist oder nicht.

a) Welche Merkmale muss ein Verwaltungsakt erfüllen?

....

....

....

b) Wann wird ein Verwaltungsakt rechtswirksam?

c) Nennen Sie je zwei Beispiele aus dem Steuerrecht für einen Verwaltungsakt bzw. keinen Verwaltungsakt.

Aufgabe 8

- Hans Plietsch kommt am 12.04. aus dem Urlaub und findet einen auf Donnerstag, den 27.03. datierten Steuerbescheid, d.h. am 27.03. vom Finanzamt zur Post gegeben, im Briefkasten vor (Poststempel Samstag, den 29.03.).

a) Wann beginnt die Einspruchsfrist und welches ist das für den Fristbeginn maßgebende Ereignis?

b) Wie lange dauert und wann endet die Einspruchsfrist?

Aufgabe 9

- Welche Möglichkeiten hätte Hans Plietsch, wenn er erst am 20.05. von einer sechsmonatigen Weltreise nach Hause käme?

Aufgabe 10

◆ Erläutern Sie kurz die Begriffe Steuererklärung und Steueranmeldung.

....

....

....

Aufgabe 11

◆ Auf die Steuererklärung reagiert das Finanzamt i.d.R. mit einem Steuerbescheid.

a) Welchen Inhalt muss der Steuerbescheid haben, damit er gültig ist?

....

....

....

b) Welche Art Steuerbescheid wird das Finanzamt normalerweise erlassen, wenn es noch auf die Angaben des Steuerpflichtigen angewiesen ist?

....

....

....

c) Welche Wirkung hat der unter b) genannte Bescheid für den Steuerpflichtigen?

....

....

....

2

Bewertungsrecht

Im Bewertungsgesetz werden die umfangreichen steuerlichen Bewertungsvorschriften zusammengefasst.

In diesem Kapitel erhalten Sie Einblick in die rechtlichen Grundlagen des Bewertungsrechts und erkennen, wie sich die Ermittlung des Betriebsvermögens daraus ableitet.

Inhalt

- Bewertungsbegriff und Aufgaben
- Gesonderte Feststellung von Einheitswerten
- Ermittlung des Betriebsvermögenswertes

2.1 Bewertungsbegriff und Aufgaben

Bewertung

Der Begriff Bewertung erlangt eine steuerrechtliche Bedeutung nur dann, wenn es darum geht, Vermögensgegenständen einen Euro-Betrag zuzuordnen.

Vereinheitlichung der Bewertungsvorschriften

Durch die Schaffung des Bewertungsgesetzes wollte der Gesetzgeber die steuerlichen **Bewertungsvorschriften** in einem Gesetz zusammenfassen, die Bewertungsmaßstäbe und Bewertungsmethoden vereinheitlichen und die Einzelsteuergesetze entlasten. Dieses ist allerdings nur sehr unvollständig verwirklicht worden.

Vorrang der Einzelsteuergesetze

So gelten die allgemeinen Bewertungsvorschriften nicht, soweit in anderen **Einzelsteuergesetzen** besondere Bewertungsvorschriften enthalten sind (§ 1 Abs.2 BewG). Solche besonderen Bewertungsvorschriften sind insbesondere in § 6 EStG enthalten, z.B. ist in der Steuerbilanz das Grundstück grundsätzlich mit den Anschaffungs- oder Herstellungskosten zu bewerten (§ 6 Abs.1 Nr.2 EStG). Damit ist das Bewertungsgesetz für den besonders wichtigen Bereich der steuerlichen Bilanzierung praktisch ohne Bedeutung.

Grundsätzlich wird die Bewertung von Vermögensgegenständen im **Bewertungsgesetz** (BewG) geregelt.

Vermögensarten

So unterscheidet das Bewertungsgesetz drei verschiedene Vermögensarten (§ 18 BewG):

- **land- und forstwirtschaftliche Vermögen** (§§ 33-67 BewG), umfasst alle Wirtschaftsgüter, die einem Betrieb der Land- und Forstwirtschaft dauernd zu dienen bestimmt sind:
  - Grund und Boden,
  - Wohn- und Wirtschaftsgebäude,
  - stehende Betriebsmittel,
  - ein normaler Bestand an umlaufenden Betriebsmitteln, auch wenn diese Wirtschaftsgüter nicht zum Eigentum gehören.
- **Grundvermögen** (§§ 68-94 BewG);
  - Grund und Boden,
  - Gebäude, sonstige Bestandteile und Zubehör,
  - das Erbbaurecht,
  - Wohnungseigentum und Teileigentum inkl. Erbbaurechte, soweit es sich nicht um land und forstwirtschaftliches Vermögen handelt.

  Nicht dazu gehören Bodenschätze.
- **Betriebsvermögen** (§§ 95-109 BewG), umfasst sämtliche aktiven und passiven Wirtschaftsgüter, die dem Bilanzierenden wirtschaftlich zuzurechnen sind.

wirtschaftliche Einheit

Unabhängig von den verschiedenen Vermögensarten ist jede wirtschaftliche Einheit für sich zu bewerten. Was eine wirtschaftliche Einheit ist, regelt sich im Einzelfall nach:

- den örtlichen Gewohnheiten,
- der tatsächlichen Nutzung,
- der Zweckbestimmung und
- der wirtschaftlichen Zusammengehörigkeit einzelner Wirtschaftsgüter (§ 2 Abs.1 BewG).

Das Bewertungsgesetz unterscheidet drei verschiedene Bewertungsbegriffe:

- **gemeiner Wert** (§ 9 BewG). Dieser ist der grundsätzliche Bewertungsmaßstab. Er gilt, wenn nichts anderes vorgeschrieben ist. Er ist durch den Preis bestimmt, der im gewöhnlichen Geschäftsverkehr bei einem Verkauf des Wirtschaftsgutes zu erzielen wäre.
  Ab 01.01.2009 ist die Bewertung von Betriebsvermögen völlig neu geregelt worden. Das neue Bewertungsrecht sieht vor, dass betriebliches Vermögen (wie auch alle anderen Vermögensarten) mit dem gemeinen Wert anzusetzen sind, § 109 I BewG. Im Mittelpunkt der Bewertungsvorschriften für das Betriebsvermögen steht § 11 BewG. Neben der Ableitung des Wertes aus Börsenkursen oder Verkäufen innerhalb des letzten Jahres steht die Ermittlung nach einem ertragswertorientierten Verfahren im Mittelpunkt der gesetzlichen Regelung. Hier kann nach §§ 199ff. BewG der Wert nach einem vereinfachten Ertragwertverfahren ermittelt werden, mindestens ist aber der Substanzwert anzusetzen.

gemeiner Wert

- **Teilwert** (§ 10 BewG) Dieser ist für Wirtschaftsgüter in einem Unternehmen anzusetzen, soweit nichts anderes (z.B. der ➔**Einheitswert**) vorgeschrieben ist. Es ist der Betrag, den ein Erwerber eines ganzen Unternehmens im Rahmen des Gesamtkaufpreises für das einzelne Wirtschaftsgut ansetzen würde. Da dies praktisch nicht möglich ist, geht man von so genannten Teilwertvermutungen aus, z.B. der Teilwert entspricht den ➔**Anschaffungskosten** oder ➔**Herstellungskosten** abzüglich der Abschreibung. Obere Grenze des Teilwertes ist der ➔**Wiederbeschaffungswert**. Untere Grenze des Teilwertes ist der ➔**Einzelveräußerungspreis**, der sich wahrscheinlich erzielen lassen würde.

Teilwert

- **Einheitswert** (§ 19 Abs.1 BewG). Die Einheitswerte des inländischen Grundbesitzes werden für die Zwecke der Grundsteuer und der Gewerbesteuer benötigt. Während die Einheitswerte für die Grundsteuer durchweg mit ihrem Nominalwert zu übernehmen sind, werden die Einheitswerte der Grundstücke und Betriebsgrundstücke für Zwecke der Gewerbesteuer, z.B. als Bemessungsgrundlage für die Kürzung nach dem Gewerbesteuergesetz (§ 9 Nr.1 GewStG) um 40 % aufgestockt (§ 121a BewG). Für die neuen Bundesländer gelten Sondervorschriften.

Einheitswert

2.2 Gesonderte Feststellung von Einheitswerten

Der Einheitswert ist kein besonderer Wertbegriff wie der gemeine Wert oder der Teilwert; er ist lediglich die Bemessungsgrundlage für verschiedene Steuerarten auf ein und dasselbe Vermögen, d.h. ein einheitlicher Wert für verschiedene Steuerarten.

Einheitswert als Bemessungsgrundlage verschiedener Steuerarten

Gemäß § 19 Abs.1 BewG werden die Einheitswerte nur noch für inländischen Grundbesitz festgestellt, und zwar

- für Betriebe der Land- und Forstwirtschaft (§§ 33, 48a, 51a BewG),
- für Grundstücke (§§ 68, 70 BewG),
- für Betriebsgrundstücke (§ 99 BewG).

2.2.1 Feststellungsarten

Folgende **Feststellungsarten** für den Einheitswert kennt das Bewertungsgesetz:

Hauptfeststellung (§ 21 BewG)

Der Einheitswert des Grundbesitzes wird in Zeitabständen von je sechs Jahren allgemein (Hauptfeststellung) festgestellt (§ 21 Abs.1 BewG). Dabei werden die Verhältnisse zu Beginn des Kalenderjahres zugrunde gelegt.

Wegen des Gleichbehandlungsgebots (Ansatz zu früheren Wertverhältnissen) werden nach wie vor alle Einheitswerte in DM ermittelt und auf volle 100 DM nach unten abgerundet und erst danach in EURO umgerechnet und wiederum auf volle Euro abgerundet (§ 30 BewG).

Nachfeststellung (§ 23 BewG)

Entsteht zwischen zwei Feststellungszeitpunkten eine neue wirtschaftliche Einheit, so erfolgt eine Nachfeststellung. Der Zeitpunkt der Nachfeststellung ist der 01. Januar, der der Änderung folgt.

Fortschreibung (§ 22 BewG)

Verändern sich Werte zwischen zwei Hauptfeststellungen oder findet die Beseitigung eines Fehlers der letzten Feststellung statt, so werden diese durch die **Fortschreibung** erfasst.

Fortschreibungsarten

Dabei sind drei Arten zu unterscheiden:

- **Wertfortschreibung.** Diese muss bei Wertänderungen der Einheitswerte nach oben oder unten erfolgen, wenn bestimmte Wertgrenzen überschritten werden (§ 22 Abs.1 BewG).
- **Artfortschreibung**. Sie ist dann vorzunehmen, wenn eine Artänderung der zu bewertenden wirtschaftlichen Einheit eintritt und deswegen eine andere Form der Bewertung bei der Ermittlung des Einheitswertes angewendet werden muss (§ 22 Abs.2 BewG).
- **Zurechnungsfortschreibung.** Diese muss im Falle des Eigentumswechsels oder im Erbfall durchgeführt werden, da sich der Steuerschuldner ändert (§ 22 Abs.2 BewG).

Bei Nachfeststellungen und Fortschreibungen der Einheitswerte für Grundbesitz sind die Wertverhältnisse im Hauptfeststellungszeitpunkt zugrunde zu legen (§ 27 BewG).

2.2.2 Feststellungsbescheid

Die in der Hauptfeststellung, der Nachfeststellung oder der Fortschreibung festgestellten Einheitswerte werden vom jeweils zuständigen Finanzamt in einem **Feststellungsbescheid** an den Steuerpflichtigen mitgeteilt, nachdem der Steuerpflichtige die Angaben zur Feststellung in seiner Steuererklärung an das Finanzamt abgegeben hat.

Fällt die wirtschaftliche Einheit weg oder wird der Einheitswert der wirtschaftlichen Einheit infolge von Befreiungsgründen der Besteuerung nicht mehr zugrunde gelegt, muss dies dem Finanzamt bekannt gegeben werden und der Einheitswert wird aufgehoben. Aufhebungszeitpunkt ist der Beginn des Kalenderjahres, das auf den Wegfall folgt (§ 24 BewG).

2.3 Ermittlung des Betriebsvermögenswertes

Begriff des Betriebsvermögens (§ 95 Abs.1 BewG)

Der Begriff des Betriebsvermögens *„umfasst alle Teile eines Gewerbebetriebs im Sinne des § 15 Abs.1 und 2 des Einkommensteuergesetzes, die bei der steuerlichen Gewinnermittlung zum Betriebsvermögen gehören.“* (§ 95 Abs.1 BewG)

Umfang des Betriebsvermögens

Der Umfang des Betriebsvermögens bestimmt sich weithin nach dem Ertragsteuerrecht, d.h. alle Wirtschaftsgüter, die dem Gewerbebetrieb zu mehr als 50 % dienen, sind notwendiges Betriebsvermögen und damit von der Vermögensaufstellung zu erfassen.

Bewertung des Betriebsvermögens (§ 9 BewG)

Bei der Bewertung des Betriebsvermögens (Einzelunternehmen, Freiberuflerpraxen, Beteiligung an Personengesellschaften) soll als Wert der gemeine Wert im Sinne des § 9 BewG angesetzt werden:

- Vorrangig soll der Wert aus Verkäufen abgeleitet werden, die weniger als ein Jahr vor dem Besteuerungszeitpunkt (Tag des Erwerbs) stattgefunden haben.
- Hat ein Verkauf innerhalb des letzten Jahres vor dem Besteuerungszeitpunkt nicht stattgefunden, so soll im Rahmen eines Ertragswertverfahrens der Verkehrswert des Betriebsvermögens geschätzt werden. Alternativ kann eine andere anerkannte, auch im gewöhnlichen Geschäftsverkehr für nicht steuerliche Zwecke übliche Bewertungsmethode angewendet werden. Auf diese im § 11 II BewG für die Bewertung von Kapitalgesellschaften enthaltenen Regelungen wird in § 109 I + II BewG für die Bewertung von Gewerbebetrieben, freiberuflichen Tätigen und Anteilen an Gesellschaften verwiesen.
  Bei der Bewertung des Betriebsvermögens findet keine separate Berücksichtigung der einzelnen Wirtschaftsgüter statt, da der Wert grundsätzlich aus Verkäufen oder dem Ertragswertverfahren zu ermitteln ist. Hier kann nach §§ 199 BewG der Wert nach einem vereinfachten Ertragswertverfahren (§ 200 BewG) ermittelt werden.
  Mindestens ist immer der Substanzwert des Unternehmens anzusetzen, also die Differenz zwischen der Summe des Verkehrswertes der Vermögensgegenstände und der Schulden des Unternehmens.

Kriterien zur Definition des Begriffs „Wirtschaftsgut“

Da der Begriff **Wirtschaftsgut** nicht gesetzlich definiert ist, hat der Bundesfinanzhof folgende Kriterien zur Definition des Begriffs entwickelt:

- Aktivierungsfähige Wirtschaftsgüter müssen durch Geldleistungen (Ausgaben) erworben sein, die sich auf den Gesamtwert des Betriebes auswirken. Als Geldleistungen gelten
  - Anschaffungskosten und
  - Herstellungskosten.

Immaterielle Wirtschaftsgüter sind nur dann aktivierungsfähig, wenn sie per →**Entgelt** erworben wurden, z.B. Firmenwert wg. guter Auftragslage. Ein selbst erworbener Firmenwert, der nicht von einem fremden Unternehmen erworben wurden, ist somit nicht zu aktivieren.

- Wirtschaftsgüter müssen einen wesentlichen, über die Dauer der Bilanzierungsperiode hinaus reichenden Wert für den Betrieb besitzen. Damit soll verhindert werden, dass Aufwendungen, die nur eine Periode betreffen, bilanziert werden.
- Wirtschaftsgüter müssen selbstständig bewertbar sein, aber nicht selbstständig veräußerbar sein; z.B. Glasvorbau an einem Gebäude.
- Ein passives Wirtschaftsgut muss am Bilanzstichtag rechtlich oder wirtschaftlich entstanden sein; z.B. Rückstellungen für zu erwartende Prozesse, die ihre Ursache im laufenden Wirtschaftsjahr haben.
- Ein Wirtschaftsgut muss im Eigentum des Betriebes stehen, d.h. rechtliche und tatsächliche Herrschaft müssen übereinstimmen. Ausnahme: Gegenstände, die Dritten gehören, aber wie eigene genutzt werden und für die bei Verlust wie für eigene gehaftet wird.

Praxisübungen

Die Lösungen finden Sie im Band *„Steuerrecht – Übungen & Musterklausuren“* dieser Fachbuchreihe.

Aufgabe 1

◆ Welche Vermögensarten unterscheidet das Bewertungsgesetz?

....

....

....

Aufgabe 2

◆ Der Einheitswert ist ein besonderer Wertbegriff aus dem Bewertungsrecht.

a) Worin unterscheidet sich der Einheitswert vom so genannten Teilwert?

....

....

....

b) Welche Arten der Feststellung gibt es für den Einheitswert?

....

....

....

Aufgabe 3

a) Beschreiben Sie, wie sich das Betriebsvermögen ermittelt.

....

....

....

....

3

Wichtige Steuern der Unternehmung

Dieses Kapitel gibt einen Überblick über wichtige Steuerarten eines Unternehmens.

Inhalt

- Körperschaftsteuer
- Einkommensteuer
- Lohnsteuer
- Gewerbesteuer
- Umsatzsteuer

3.1 Körperschaftsteuer

3.1.1 Steuersubjekte

Körperschaftsteuer – besondere Form der Einkommensteuer

Bei der Körperschaftsteuer handelt es sich um eine besondere Form der Einkommensteuer für Körperschaften.

Unbeschränkt körperschaftsteuerpflichtig sind vor allem folgende Rechtsformen, sofern die Unternehmen ihre Geschäftsleitung oder ihren Sitz im →**Inland** haben:

- Aktiengesellschaften (AG),
- Kommanditgesellschaften auf Aktien (KGaA),
- Gesellschaften mit beschränkter Haftung (GmbH),
- Genossenschaften,
- Versicherungsvereine auf Gegenseitigkeit.

Die GmbH & Co KG ist dagegen zivilrechtlich eine Personenunternehmung, deren Einkünfte ausschließlich den Gesellschaftern zuzurechnen sind.

Unbeschränkt steuerpflichtig heißt, dass das Steuersubjekt den ständigen Wohn-/Betriebssitz in der Bundesrepublik hat, egal, ob es sich um Aus- oder Inländer handelt. Es sind alle Einkünfte steuerpflichtig – unabhängig davon, ob diese im Inland oder Ausland erworben wurden.

3.1.2 Steuerobjekt

Steuerobjekt: Einkommen der Körperschaft

Steuerobjekt der Körperschaftsteuer ist das Einkommen der Körperschaft. Dieses wird nach den Vorschriften des Einkommensteuergesetzes (EStG) und des Körperschaftsteuergesetzes (KStG) ermittelt.

Kapitalgesellschaften haben nur Einkünfte aus Gewerbebetrieb. Sonderausgaben entfallen mangels Privatsphäre.

Das Einkommen entspricht dem Gewinn der Steuerbilanz, modifiziert durch die §§ 8-10 KStG.

Ein wesentlicher Unterschied zwischen Körperschaften und Personengesellschaften besteht darin, dass die Körperschaften eine eigene Rechtspersönlichkeit besitzen.

Es werden daher i.d.R zwischen der Körperschaft und ihren Gesellschaftern Verträge abgeschlossen, nach denen Zahlungen an die Gesellschafter als Betriebsausgaben gelten.

3.1.3 Bemessungsgrundlage und Tarif

Bemessungsgrundlage ist das zu versteuernde Einkommen der Kapitalgesellschaft. Dies wird wie folgt ermittelt (§ 7 KStG):

Bemessungsgrundlage: zu versteuerndes Einkommen der Kapitalgesellschaft

Gewinn lt. Steuerbilanz
+ nicht abziehbare Aufwendungen
– steuerfreie Einkünfte

= Summe der Einkünfte
– abziehbare Spenden und Beiträge

= Gesamtbetrag der Einkünfte
+ zuzurechnendes Einkommen von Organgesellschaften
– Verlustabzug

= Einkommen
– Freibetrag für landwirtschaftliche Genossenschaften

= zu versteuerndes Einkommen

Der Körperschaftsteuersatz beträgt 15 % (§ 23 Abs. 1 KStG).

Hinweis: Ab dem 01.01.2009 wird das „Halbeinkünfteverfahren" durch das Teileinkünfteverfahren ersetzt.

Teileinkünfteverfahren

Weiterhin tritt zum 01.01.2009 die Abgeltungssteuer in Kraft; d.h. 25 % Steuerabzug auf private Kapitaleinkünfte, zzgl. 5,5 Solidaritätszuschlag und ggf. 8 % bzw. 9 % Kirchensteuer je nach Bundesland.

Abgeltungssteuer

3.2 Einkommensteuer

3.2.1 Steuersubjekte

Steuersubjekte der Einkommensteuer sind gemäß § 1 des Einkommensteuergesetzes (EStG) die natürlichen Personen.

Steuersubjekte: natürliche Personen (§ 1 EStG)

Unbeschränkt einkommensteuerpflichtig sind die Personen, die ihren Wohnsitz oder gewöhnlichen Aufenthalt im Inland haben mit ihrem Welteinkommen.

Beschränkt einkommensteuerpflichtig ist derjenige, der seinen ständigen Wohnsitz nicht im Inland hat, jedoch über inländische Einkünfte verfügt. Um eine Mehrfachbesteuerung derselben Erträge möglichst zu vermeiden, werden Doppelbesteuerungsabkommen mit anderen Staaten geschlossen.

3.2.2 Steuerobjekt

Objekt der Einkommensteuer ist die Summe der Einkünfte als das Ergebnis von Erwerbstätigkeiten.

Steuerobjekt: Summe der Einkünfte

3.2.3 Bemessungsgrundlage und Tarif

Bemessungsgrundlage: zu versteuerndes Einkommen

Als Bemessungsgrundlage gilt hier analog zur Körperschaftsteuer das **zu versteuernde Einkommen.**

zu versteuerndes Einkommen: Summe der Einkünfte abzüglich personengebundene Beträge

Dies entwickelt sich wie folgt (§ 2 EStG):

Summe der Einkünfte aus sieben Einkunftsarten	(§ 2 Abs.1 EStG)
– Altersentlastungsbetrag	(§ 24 a EStG)
– Entlastungsbetrag für Alleinerziehende	(§ 24 b EStG)
– Freibetrag für Land- und Forstwirte	(§ 13 Abs. 3 EStG)
= Gesamtbetrag der Einkünfte	(§ 2 Abs.3 EStG)
– Verlustabzug (Verlustrücktrag/-vortrag) nach	§ 10d EStG
– Sonderausgaben	(§§ 10, 10b, 10c EStG)
– außergewöhnliche Belastungen	(§§ 33 – 33c EStG)
= Einkommen	(§ 2 Abs.4 EStG)
– Kinderfreibeträge	(§ 32 Abs.6 EStG)
– Härteausgleich	(§ 46 Abs.3 EStG, § 70 EStDV)
= zu versteuerndes Einkommen	(§ 2 Abs.5 EStG)

Bis zur Summe der Einkünfte soll die objektive Leistungsfähigkeit berücksichtigt werden, ab dieser Summe die subjektive Leistungsfähigkeit durch private Abzüge.

Der Einkommensteuer unterliegt nur der Teil des Erwerbseinkommens, der für den Steuerpflichtigen verfügbar ist. Die Höhe der Einkommensteuer bestimmt sich allgemein nach dem Einkommensteuertarif (§ 32a EStG i.d.F des Steuersenkungsgesetzes).

Einkommensteuertarif

Dieser **Einkommensteuertarif** ist seit dem Veranlagungszeitraum 2009 wie folgt aufgebaut:

Für zu versteuernde Einkommen von 0 bis 7.834,00 € (bei Ehegatten 15.668,00 €), ab 2010 bis 8.004,00 €	Null-Zone (Grundfreibetrag)
von 8.005,00 € bis 13.469,00 €	untere Null-Zone mit einem ansteigenden (Eingangs-)Steuersatz von 14 % bis 23,97 %
von 13.470,00 € bis 52.881,00 €	Progressionszone mit einem ansteigenden Steuersatz von 23,97 % bis 42 %
ab 52.882,00 €	Proportionalzone mit einem Steuersatz von 42 %
ab 250.731,00 € (bei Ehegatten 501.462,00 €)	Proportionalzone mit einem Spitzensteuersatz von 45 %

Spitzensteuersatz

Für Steuerpflichtige, deren zu versteuerndes Einkommen mindestens 250.731 € für Ledige und 501.462 € für Verheiratete, gilt **Spitzensteuersatz von 45%.** Allerdings sind alle Gewinneinkünfte aus Gewerbebetrieb, selbstständiger Arbeit oder Land- und Forstwirtschaft ausgenommen. Die Ausnahmeregelung gilt nur für den Veranlagungszeitraum 2007 (Steueränderungsgesetz 2007).

Die Einkommensteuer, die sich nach dem Einkommensteuertarif ergibt, ist in der Einkommensteuer – Grundtabelle angegeben. Für Ehegatten, die zusammen zur Einkommensteuer veranlagt werden, ist das Splitting-Verfahren bei zusammen lebenden Ehegatten anzuwenden.

Die Höhe der Einkommensteuer bestimmt sich ab 2004 nach dem Einkommensteuertarif, der in § 32a EStG i.d.F. des Haushaltsbegleitgesetzes 2004 vorgeschrieben ist. Für die Berechnung der Einkommensteuer kommt ab 01.01.2004 der stufenlose Steuertarif zur Anwendung, der den bisher praktizierten Stufentarif ablöst. Dies bedeutet, dass die Einkommensteuer nicht mehr, wie bisher, für eine Stufe, sondern exakt für den sich bei der Steuerveranlagung jeweils ergebenden Einzelwert berechnet wird.

3.3 Lohnsteuer

Die **Lohnsteuer** ist eine besondere Erhebungsart der Einkommensteuer.

3.3.1 Steuersubjekte

Steuersubjekte der Lohnsteuer sind ➔**natürliche Personen** mit der Voraussetzung, dass diese natürlichen Personen Einkünfte aus nicht selbstständiger Arbeit erzielen. Da der jeweilige Arbeitgeber zur Einbehaltung und Abführung der Lohnsteuer an das Finanzamt verpflichtet ist, gilt dieser als Steuerzahler der Lohnsteuer.

Steuersubjekte: natürliche Personen

3.3.2 Steuerobjekt

Analog zur Einkommensteuer ist hier das Steuerobjekt die Summe der Einkünfte aus nicht selbstständiger Tätigkeit.

Steuerobjekt: Summe der Einkünfte aus nicht selbstständiger Tätigkeit

3.3.3 Bemessungsgrundlage und Tarif

Bemessungsgrundlage für die Lohnsteuer ist, da es sich hier ebenfalls um Einkommensteuer handelt, das zu versteuernde Einkommen aus nicht selbstständiger Tätigkeit.

Bemessungsgrundlage: zu versteuerndes Einkommen aus nicht selbstständiger Tätigkeit

Der Tarif richtet sich nach der Jahreslohnsteuertabelle, in der sowohl die Einkommenshöhe als auch die individuelle Situation des Steuerpflichtigen durch die Steuerklassen berücksichtigt ist.

Seit dem Veranlagungszeitraum 2004 stellen die Lohnsteuertabellen nur noch eine ergänzende Alternative zur maschinellen Lohnsteuerberechnung nach dem stufenlosen Formeltarif dar.

3.4 Gewerbesteuer

3.4.1 Steuersubjekte

Steuersubjekte der Gewerbesteuer sind entweder natürliche oder ➔juristische Personen, wobei persönliche Merkmale des Steuerschuldners auf die Höhe der Steuerschuld keinen Einfluss haben.

Steuersubjekt: derjenige, für dessen Rechnung ein Gewerbe betrieben wird

Steuersubjekt ist derjenige, für dessen Rechnung ein Gewerbe betrieben wird; also

- ein einzelner Gewerbetreibender,
- eine Personengesellschaft, die ein Gewerbe betreibt,
- Kapitalgesellschaften und andere juristische Personen.

3.4.2 Steuerobjekt

Steuerobjekt: der Gewerbebetrieb

Steuerobjekt der Gewerbesteuer ist der Gewerbebetrieb. Besteuert werden soll die objektive Ertragskraft. Dabei werden bestimmte Istwerte, die zum Gewinn aus Gewerbebetrieb geführt haben, um Sollwerte korrigiert (Hinzurechnungen und Kürzungen).

Gewerbebetriebe sind:

- Einzelunternehmen kraft gewerblicher Tätigkeit,
- Personengesellschaften, wenn sie eine gewerbliche Tätigkeit ausführen,
- Kapitalgesellschaften stets (unabhängig von der Art der Tätigkeit),
- Kapitalgesellschaften & Co KG (oder OHG), bei denen der persönlich haftende Gesellschafter ausschließlich eine Kapitalgesellschaft ist,
- Genossenschaften.

3.4.3 Bemessungsgrundlagen und Tarif

Besteuerungsgrundlage: der Gewerbeertrag

Besteuerungsgrundlage für die Gewerbesteuer ist der Gewerbeertrag. Bemessungsgrundlage hierfür ist der **Gewerbesteuermessbetrag**.

Freibeträge

Der Steuermessbetrag ergibt sich durch die Anwendung der Steuermesszahl auf den maßgebenden Gewerbeertrag nach Kürzung um den Freibetrag von:

- 24.500,00 € bei natürlichen Personen und Personengesellschaften,
- Ab Veranlagungsjahr 2009 5.000 € bei einigen/bestimmten juristischen Personen.

Der ermittelte Gewerbeertrag ist auf volle 100,00 € abzurunden.

Steuermesszahl

Die verbleibenden Beträge werden grundsätzlich mit der Steuermesszahl multipliziert:

- 3,5 % bei Gewerbebetrieben, die von natürlichen Personen und Personengesellschaften und von juristischen Personen betrieben werden,. Das Ergebnis ergibt den Steuermessbetrag.

Hebesatz

Auf den Messbetrag (in €) wird dann ein Hebesatz der jeweiligen Gemeinden angewendet, der sehr unterschiedlich sein kann. Dieser Hebesatz wird in % auf den Steuermessbetrag berechnet. Seit dem Veranlagungszeitraum 2004 ist nunmehr ein Mindesthebesatz von 200 % vorgeschrieben (§ 16 Abs. 4 GewStG).

3.5 Umsatzsteuer

3.5.1 Steuersubjekte

Steuersubjekte der Umsatzsteuer sind im Regelfall Unternehmer. *„Unternehmer ist, wer eine gewerbliche oder berufliche Tätigkeit selbstständig ausübt"* (§ 2 Abs.1 UStG.).

Steuersubjekte: Unternehmer

Ausnahmen sind Privatpersonen, die

Ausnahmen

- eine Einfuhr aus einem ➔**Drittlandsgebiet** vornehmen,
- im Inland ein neues Fahrzeug liefern, das bei der Lieferung in das übrige ➔**Gemeinschaftsgebiet** gelangt (§ 2a UStG), oder
- zu Unrecht in einer Rechnung gesondert Umsatzsteuer ausweisen (§ 14c Abs.2 UStG).

3.5.2 Steuerobjekt

Steuerobjekte sind Umsätze in Form von

Steuerobjekte: Umsätze

- ➔Lieferungen und sonstigen Leistungen, die ein Unternehmer im Inland gegen Entgelt im Rahmen seiner Unternehmung ausführt;
- die Einfuhr von Gegenständen im Inland oder in den österreichischen Gebieten Jungholz und Mittelberg, sowie
- innergemeinschaftlicher Erwerb im Inland gegen Entgelt.

Die Umsatzsteuer trägt in der Europäischen Union die Bezeichnung Erwerbsteuer.

3.5.3 Bemessungsgrundlage und Tarif

Bemessungsgrundlage ist

Bemessungsgrundlage: das Entgelt

- bei Lieferung und sonstiger Leistung i.S. § 1 Abs.1 Nr.1 UStG das Entgelt (alles, was der Leistungsempfänger aufwendet, um die Leistung zu erhalten abzüglich der Umsatzsteuer);
- bei Lieferung und sonstiger Leistung i.S. § 3 Abs.1b, 9a UStG der Einkaufspreis/ die Selbstkosten bzw. die entstanden Kosten.

Der **Regelsteuersatz** beträgt 19 %, der ermäßigte Satz 7 %.

Regelsteuersatz und ermäßigter Steuersatz

Der ermäßigte Satz gilt u.a. für:

- Nahrungsmittel, Leitungswasser
- Waren des Buchhandels und Druckereierzeugnisse,
- Kunstgegenstände.
- Fahrkarten im öffentlichen Personennahverkehr

Für land- und forstwirtschaftliche Erzeugnisse gelten Sondersätze (Durchschnittssätze).

Praxisübungen

Die Lösungen finden Sie im Band *„Steuerrecht – Übungen und Musterklausuren"* dieser Fachbuchreihe.

Aufgabe 1

◆ Einkommensteuer und Körperschaftsteuer sind Personensteuern, die das Einkommen besteuern.

a) Wie unterscheiden sich diese beiden Steuerarten?

....

....

....

b) Geben Sie bitte jeweils 3 Beispiele, wer nach der Einkommen- und nach der Körperschaftsteuer besteuert wird.

....

....

....

Aufgabe 2

◆ Die Lohnsteuer ist eine besondere Erhebungsart der Einkommensteuer.
Worin unterscheidet sich die Lohnsteuer von der Einkommensteuer?

....

....

....

Aufgabe 3

◆ Wie unterscheiden sich unbeschränkt und beschränkt einkommensteuerpflichtige Personen?

....

....

....

Aufgabe 4

a) Ist die Gewerbesteuer eine Personen-(Subjekt)steuer oder eine Real-(Objekt)steuer – warum?

....

....

....

b) Was ist Besteuerungsgrundlage der Gewerbesteuer?

....

....

....

c) Was ist Besteuerungsgegenstand der Gewerbesteuer?

....

....

....

Aufgabe 5

a) Werden ausschließlich Unternehmer von der Umsatzsteuer erfasst? Wenn nein, benennen Sie bitte die Ausnahmen.

....

....

....

b) Wie hoch ist der ermäßigte Steuersatz? Bitte notieren Sie Beispiele.

....

....

....

c) In welcher Form sind Umsätze Besteuerungsgrundlage der Umsatzsteuer?

....

....

....

4

Einkommensteuer

Die Einkommensteuer ist eine Personensteuer, die das Einkommen von natürlichen Personen besteuert.

In diesem Kapitel erhalten Sie Kenntnis über die verschiedenen Einkunftsarten sowie die Ermittlung des Gewinns und Bewertung des Betriebsvermögens.

Inhalt

- Begriff und allgemeine Charakterisierung
- Einkunftsarten
- Gewinnermittlung
- Bewertungsmaßstäbe für das Betriebsvermögen
- Abschreibungen (AfA – Absetzung für Abnutzung)

4.1 Begriff und allgemeine Charakterisierung

Einkommensteuer: direkte (Personen-)Steuer, die das Einkommen von natürlichen Personen besteuert

Die Einkommensteuer ist ihrem Wesen nach eine **direkte Steuer**, da sie unmittelbar an die Leistungsfähigkeit des Steuerdestinatars anknüpft und der Steuerschuldner mit dem Steuerträger i.d.R identisch ist.

Steuerobjekt der Einkommensteuer ist das Einkommen von natürlichen Personen, d.h., sie ist eine Personensteuer.

Betriebe sind grundsätzlich nicht einkommensteuerpflichtig. Einzelunternehmer oder Gesellschafter von Personen- und Kapitalgesellschaften müssen demnach sämtliche Einkünfte, die sie aus dem Betrieb beziehen, z.B.:

- Gewinne oder Gewinnanteile,
- Vergütung für die Mitarbeit im Betrieb,
- Zinsen für die Hingabe von Darlehen oder für die Überlassung von Wirtschaftsgütern an den Betrieb,

der Einkommensteuer unterwerfen.

Hinweis: Werden Gewinnanteile bzw. Dividenden von Kapitalgesellschaften an die Gesellschafter weitergegeben, so werden diese Anteile zusätzlich zur Körperschaftsteuer von der Kapitalertragsteuer erfasst, welche eine besondere Erhebungsform der Einkommensteuer ist.

besondere Erhebungsformen der Einkommensteuer: Kapitalertragsteuer, Lohnsteuer

Die **Kapitalertragsteuer** muss – wie die **Lohnsteuer** – vom Unternehmen einbehalten und abgeführt werden (Quellenabzugsverfahren) und wird im Nachhinein von der zu zahlenden Einkommensteuer wieder abgezogen.

4.2 Einkunftsarten

sieben Einkunftsarten der Einkommensteuer (§ 2 Abs.1 EStG)

Unabhängig von der Erhebungsart der Einkommensteuer unterliegen nach § 2 Abs.1 EStG sieben Einkunftsarten der Einkommensteuer:

- Einkünfte aus Land- und Forstwirtschaft,
- Einkünfte aus Gewerbebetrieb,
- Einkünfte aus selbstständiger Arbeit,
- Einkünfte aus nicht selbstständiger Arbeit,
- Einkünfte aus Kapitalvermögen,
- Einkünfte aus Vermietung und Verpachtung,
- sonstige Einkünfte im Sinne der §§ 22 und 23 EStG,

die der Steuerpflichtige während seiner unbeschränkten Einkommensteuerpflicht oder als inländische Einkünfte während seiner beschränkten Einkommensteuerpflicht erzielt.

Diese sieben Einkunftsarten werden nach zwei verschiedenen Ermittlungsarten unterschieden:

- Einkunftsermittlung nach dem Gewinn
- Einkunftsermittlung nach dem Überschuss der Einnahmen über die Werbungskosten

Gewinneinkunftsarten

Die **Gewinneinkunftsarten** sind:

- Einkünfte aus Land- und Forstwirtschaft,
- Einkünfte aus Gewerbebetrieb,
- Einkünfte aus selbstständiger Arbeit.

Überschusseinkunftsarten

Die **Überschusseinkunftsarten** sind:

- Einkünfte aus nicht selbstständiger Arbeit,
- Einkünfte aus Kapitalvermögen,
- Einkünfte aus Vermietung und Verpachtung,
- sonstige Einkünfte nach § 22 EStG.

Sind die sieben Einkunftsarten jeweils nach dem Gewinn oder nach dem Überschuss ermittelt worden, werden die für die einzelnen Einkunftsarten geltenden Freibeträge und Freigrenzen abgezogen bzw. berücksichtigt.

Das zu versteuernde Einkommen wird nach Abzug der personengebundenen (subjektiven) abzugsfähigen Beträge und Ausgaben ermittelt.

4.2.1 Gewinneinkunftsarten

Einkünfte aus Land- und Forstwirtschaft (§ 13 EStG)

Als **Einkünfte aus Land- und Forstwirtschaft** gelten:

- Einkünfte aus dem Betrieb von Land- und Forstwirtschaft, Wein-, Garten-, Obst- und Gemüseanbau, Baumschulen;
- Einkünfte aus allen Betrieben, die Pflanzen und Pflanzenteile mit Hilfe der Naturkräfte gewinnen;
- Einkünfte aus der Tierzucht und Tierhaltung, soweit es sich nicht um Liebhaberei oder um gewerbliche Tierzucht bzw. -haltung handelt;
- Einkünfte aus Binnenfischerei, Teichwirtschaft, Fischzucht, Imkerei und Wanderschäferei;
- Einkünfte aus der Jagd, sofern ein Zusammenhang zu einem land- oder forstwirtschaftlichen Betrieb besteht;
- Einkünfte von Hauberg-, Wald-, Forst- und Laubgenossenschaften;
- Einkünfte aus einem land- oder forstwirtschaftlichen Nebenbetrieb;
- Gewinne aus der Veräußerung eines land- oder forstwirtschaftlichen Betriebes oder Nebenbetriebes.

Einkünfte aus Gewerbebetrieb (§§ 15, 16, 17 EStG)

Als **Einkünfte aus Gewerbebetrieb** gelten:

- Einkünfte aus gewerblichen Unternehmen (Einzelunternehmung);
- Gewinnanteile sowie Sondervergütungen aus gewerblichen Mitunternehmerschaften;
- Gewinnanteile, soweit sie nicht auf Grundkapital entfallen sowie Sondervergütungen der persönlich haftenden Gesellschafter von KGaA;
- Gewinne aus der Veräußerung des ganzen Gewerbebetriebes oder eines Teilbetriebes;
- Gewinne aus der Veräußerung eines Mitunternehmeranteils;
- Gewinne aus der Veräußerung des Anteils eines persönlich haftenden Gesellschafters einer KGaA;
- Gewinne aus der Veräußerung von Anteilen an einer Kapitalgesellschaft im Falle wesentlicher Beteiligung, sofern diese Beteiligung innerhalb der letzten 5 Jahre bestand.

Einkünfte aus selbstständiger Arbeit (§ 18 EStG)

Als **Einkünfte aus selbstständiger** Arbeit gelten:

- Einkünfte aus freiberuflicher Tätigkeit;
- Einkünfte der Einnehmer einer staatlichen Lotterie, soweit es sich nicht um Einkünfte aus Gewerbebetrieb handelt;
- Einkünfte aus sonstiger selbstständiger Tätigkeit, wie z.B. Vergütung für die Testamentsvollstreckung, für Vermögensverwaltung oder für die Tätigkeit als Aufsichtsratsmitglied;
- Gewinn aus der Veräußerung des Vermögens oder eines Vermögensteils, die selbstständige Arbeit dient.

4.2.2 Überschusseinkunftsarten

Einkünfte aus nicht selbstständiger Arbeit (§ 19 EStG)

Als **Einkünfte aus nicht selbstständiger Arbeit** gelten:

- Gehälter, Löhne, Provisionen, Gratifikationen, Tantiemen;
- andere Bezüge und Vorteile, die für die Beschäftigung im öffentlichen oder privaten Dienst gewährt werden;
- Wartegelder, Ruhegelder, Witwen- und Waisengelder;
- andere Bezüge und Vorteile aus früheren Dienstleistungen.

Einkünfte aus Kapitalvermögen (§ 20 EStG)

Als **Einkünfte aus Kapitalvermögen** gelten:

- Gewinnanteile und sonstige Erträge aus Mitgliedschaftsrechten von Kapitalgesellschaften, Erwerbs- und Wirtschaftsgenossenschaften, Kolonialgesellschaften und an bergbautreibenden Vereinigungen mit Rechten einer juristischen Person, einschließlich der anzurechnenden bzw. zu vergütenden Körperschaftsteuer;
- Bezüge im Zusammenhang mit einer Kapitalherabsetzung oder Liquidation eines körperschaftsteuerpflichtigen Steuersubjekts, soweit hierzu verwendbares Eigenkapital als verwendet gilt;
- Einkünfte aus einer Beteiligung als (typischer) stiller Gesellschafter und aus partialischen Darlehen;
- Zinsen aus Hypotheken und Grundschulden, Renten aus Rentenschulden;
- bestimmte Erträge aus Versicherungen auf den Erlebens- oder Todesfall;
- Zinsen aus sonstigen Kapitalforderungen;
- Diskontbeträge;
- Einnahmen aus der Veräußerung von Dividendenscheinen, sonstigen Ansprüchen und Zinsscheinen;
- Kapitalerträge aus der Veräußerung oder Abtretung ab- oder aufgezinster Wertpapiere und Forderungen;
- sowie ab 2009: Einkünfte aus privaten Veräußerungsgeschäften gem. § 20 Abs. 2 EStG (bis 2008 in § 23 EStG geregelt).

Einkünfte aus Vermietung und Verpachtung (§ 21 EStG)

Als **Einkünfte aus Vermietung und Verpachtung** gelten:

- Einkünfte aus der Vermietung und Verpachtung von unbeweglichem Vermögen, z.B. Grundstücke, Gebäude, Gebäudeteile, Schiffe, mit dem Grundstück verbundene Rechte;
- Einkünfte aus der Vermietung und Verpachtung von Sachinbegriffen, insbesondere von beweglichem Betriebsvermögen;
- Einkünfte aus zeitlich begrenzter Überlassung von Rechten;
- Einkünfte aus der Veräußerung von Miet- oder Pachtzinsforderungen;
- übergangsweise ggf. noch der Nutzungswert der selbst genutzten Wohnung im eigenen Zwei- oder Mehrfamilienhaus.

Sonstige Einkünfte (§ 22 EStG)

Als **sonstige Einkünfte** gelten:

- Einkünfte aus wiederkehrenden Bezügen, wie z.B. aus privaten Leibrenten (mit dem Ertragsanteil) oder aus regelmäßig zufließenden Zuschüssen und sonstigen Vorteilen;
- Einkünfte aus Unterhaltsleistungen, die beim Geber als Sonderausgaben abzugsfähig sind;
- Einkünfte aus sonstigen Leistungen, wie z.B. aus gelegentlicher Vermittlung und Vermietung einzelner beweglicher Gegenstände;
- sonstige Bezüge, wie z.B. Entschädigungen, Amtszulagen, Übergangsgelder, Sterbegelder, Versorgungsabfindungen und Versorgungsbezüge aufgrund des Abgeordnetengesetzes oder des Europaabgeordnetengesetzes.

Unterordnungsregel zu anderen Einkunftsarten

Grundsätzlich haben alle Einkunftsarten gleichrangigen Charakter, jedoch besteht für einige Einkunftsarten eine Unterordnungsregel zu anderen Einkunftsarten:

- So sind Einkünfte aus Geldvermögen nur dann der Einkunftsart aus Kapitalvermögen zuzurechnen, wenn diese Einkünfte nicht im Rahmen einer Gewinneinkunftsart oder aus Vermietung und Verpachtung erzielt werden.
- Einkünfte aus Vermietung und Verpachtung und sonstige Einkünfte sind den Einkünften aus nicht selbstständiger Arbeit oder den Gewinneinkunftsarten zuzurechnen, wenn sie im Rahmen dieser Einkunftsarten erzielt wurden.

So haben die Einkunftsarten aus

- Vermietung und Verpachtung,
- Kapitalvermögen
- und sonstigen Einkünften gegenüber den Gewinneinkunftsarten einen untergeordneten Charakter.

4.3 Gewinnermittlung

Einkünfte = Gewinn

Für die drei Einkunftsarten

- Einkünfte aus Land- und Forstwirtschaft,
- Einkünfte aus Gewerbebetrieb und
- Einkünfte aus selbstständiger Arbeit

bezeichnet das Steuerrecht die Einkünfte als Gewinn (§ 2 Abs.2 EStG). Nach dem Einkommensteuergesetz ergibt sich der Gewinn grundsätzlich durch den Zeitvergleich von zwei Betriebsvermögen.

Definition Gewinn (§ 4 Abs. 1 EStG)

Gewinn ist demnach der *„(...) Unterschiedsbetrag zwischen dem Betriebsvermögen am Schluss des Wirtschaftsjahres und dem Betriebsvermögen am Schluss des vorangegangenen Wirtschaftsjahres, vermehrt um den Wert der Entnahmen und vermindert um den Wert der Einlagen."* (§ 4 Abs.1 EStG)

Änderungen des Betriebsvermögens können grundsätzlich durch private und betriebliche Vorgänge ausgelöst werden. Das Steuerrecht trennt jedoch den privaten von dem betrieblichen Bereich; daher ist es erforderlich, zur Gewinnermittlung nur die betrieblich verursachten Betriebsvermögensänderungen zu erfassen:
Den Betriebsvermögensänderungen wird der Wert der Entnahmen hinzugefügt und der Wert der Einlagen abgezogen.

4.3.1 Gewinnermittlungszeitraum

Zeiträume der Gewinnermittlung

Die Einkommensteuer ist eine Jahressteuer, die grundsätzlich für ein Kalenderjahr zu ermitteln ist (§ 2 Abs.7 EStG). Da der Gewinn bei Land- und Forstwirten und Gewerbetreibenden jedoch nach dem Wirtschaftsjahr zu ermitteln ist, ist hier eine Abweichung vom Kalenderjahr zu berücksichtigen.

Das **Wirtschaftsjahr** ist nach § 4a Abs.1 EStG

- für Land- und Forstwirte: grundsätzlich der Zeitraum vom 1. Juli bis 30. Juni; d.h. der Gewinn des Wirtschaftsjahres ist entsprechend dem zeitlichen Anteil aufzuteilen auf das Kalenderjahr, in dem das Wirtschaftsjahr beginnt, und auf das Kalenderjahr, in dem das Wirtschaftsjahr endet.
- für Gewerbetreibende, deren Firma in das Handelsregister eingetragen ist: der Zeitraum, für den sie regelmäßig Abschlüsse machen, d.h. der Gewinn des Wirtschaftsjahres gilt in dem Kalenderjahr als bezogen, in dem das Wirtschaftsjahr endet. Wenn das Wirtschaftsjahr vom Kalenderjahr abweicht, geht dies nur im Einvernehmen mit dem Finanzamt;
- für andere Gewerbetreibende: grundsätzlich das Kalenderjahr.
- bei selbstständig Tätigen im Sinne des § 18 EStG: das Kalenderjahr (§ 2 Abs.7 EStG).

4.3.2 Gewinnermittlungsarten

Arten der Gewinnermittlung

Es lassen sich insgesamt sechs verschiedene **Arten der Gewinnermittlung** unterscheiden:

Durch Betriebsvermögensvergleich:

- partieller Betriebsvermögensvergleich (§ 4 Abs.1 EStG),
- vollständiger Betriebsvermögensvergleich (§ 5 EStG),
- Überschussrechnung (§ 4 Abs.3 EStG).

Ohne Betriebsvermögensvergleich:

- Tonnagenbesteuerung für Seeschifffahrtsunternehmen nach § 5a EStG,
- Gewinnermittlung nach Durchschnittssätzen, für kleine land- und forstwirtschaftliche Betriebe nach § 13a EStG,
- Gewinnermittlung nach Schätzung, wenn z.B. trotz bestehender Buchführungspflicht keine Bücher geführt wurden (§ 162 AO).

Wann welche Gewinnermittlungsart angewendet wird, ergibt sich zum einen aus der Einkunftsart, zum anderen daraus, ob der Steuerpflichtige nach dem Handelsrecht Bücher führen muss oder dies freiwillig tut.

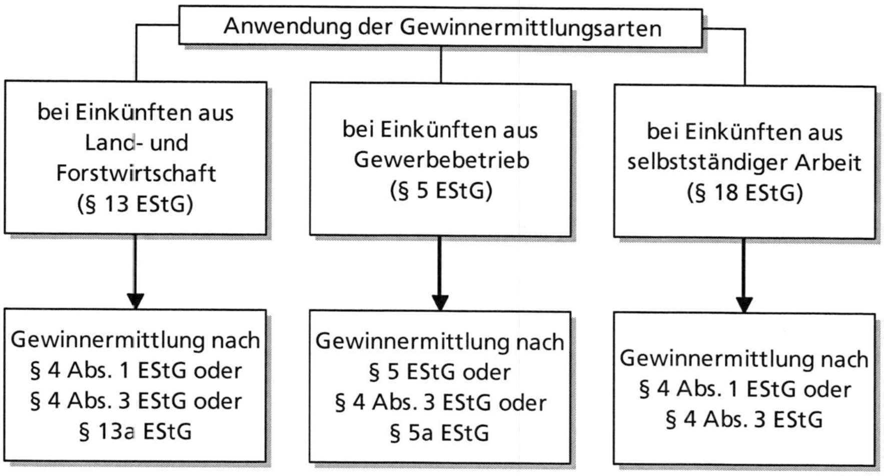

4.3.3 Partieller Betriebsvermögensvergleich (§ 4 Abs.1 EStG)

partieller Betriebsvermögensvergleich oder Bestandsvergleich

Der **partielle Betriebsvermögensvergleich** oder **Bestandsvergleich** gilt (seit VZ 2007) für

- **Einkünfte aus Land- und Forstwirtschaft**, wenn die selbst bewirtschaftete Fläche einen Wert von mehr als 25.000,00 € hat oder wenn ein Gewinn von mehr als 50.000,00 € im Kalenderjahr erzielt wurde;
- **Einkünfte aus unternehmerischer Tätigkeit**, die nicht Land- und Forstwirtschaft ist, soweit der Umsatz mehr als 500.000,00 € im Kalenderjahr oder der Gewinn mehr als 50.000,00 € im Wirtschaftsjahr beträgt.

Freiberufler nach § 18 EStG können ihren Gewinn auch dann durch Überschussrechnung ermitteln, wenn sie diese Grenzen überschreiten und nicht freiwillig Bücher führen (§ 4 Abs.3 EStG). Hier ist der Steuerpflichtige ausschließlich an steuerrechtliche Vorschriften gebunden, nicht an die Vorschriften für die Handelsbilanz.

> Gewinn ist im partiellen Betriebsvermögensvergleich der Unterschied zwischen den Schlussbeständen zweier aufeinander folgender Wirtschaftsjahre, zuzüglich der Entnahmen und abzüglich der Einlagen (§ 4 Abs.1 EStG).

notwendiges Betriebsvermögen

Das **notwendige Betriebsvermögen** ist die Summe aller positiven und negativen Wirtschaftsgüter, die dem Gewerbebetrieb zu mehr als 50 % dienen oder ihrer Art nach zu dienen bestimmt sind; z.B.:

- Betriebsgrundstücke,
- Gebäude,
- Betriebs- und Geschäftsausstattung,

- Maschinen,
- Waren,
- Forderungen,
- Warenschulden.

gewillkürtes Betriebsvermögen

Wirtschaftsgüter, die zu 10 bis 50 % eigenbetrieblich genutzt werden, können als **gewillkürtes Betriebsvermögen** angesetzt werden.

Entnahme = Verwendung von Wirtschaftsgütern zu betriebsfremden Zwecken

Entnahme ist jede Verwendung von Wirtschaftsgütern zu betriebsfremden Zwecken, z.B. für den privaten Haushalt oder für andere betriebsfremde Zwecke. Entnommen werden können Waren und Geld. Auch die private Nutzung eines betrieblichen Pkw oder die Arbeit eines Betriebsangehörigen für den privaten Haushalt des Steuerpflichtigen stellt eine Entnahme dar.

Es können auch Güter, die nicht bilanzierungsfähig sind, entnommen werden, z.B. selbst geschaffene Patente.

Einlagen = Wirtschaftsgüter, die der Steuerpflichtige dem Betrieb aus privater Sphäre zuführt

Einlagen sind alle Wirtschaftsgüter, die der Steuerpflichtige dem Betrieb aus privater Sphäre zuführt, z.B. Bar- oder Sacheinlagen in das Anlage- und Umlaufvermögen.

Beim partiellen Betriebsvermögensvergleich muss ein Inventar und eine Bilanz aufgestellt werden. Der Gewinn ergibt sich aus der Differenz der Bestände bzw. des Aufwands und des Ertrags.

4.3.4 Vollständiger Betriebsvermögensvergleich (§ 5 EStG)

Der **vollständige Betriebsvermögensvergleich** oder **Bilanzvergleich** ist grundsätzlich für jeden Steuerpflichtigen möglich, sofern er freiwillig oder die gesetzlich vorgeschriebenen Bücher führt.

Zum vollständigen Vermögensvergleich verpflichtet sind alle

- Kaufleute, d.h. alle, die nach dem Handelsrecht verpflichtet sind, Bücher zu führen (§ 140 AO);
- sonstigen Gewerbetreibenden, die einen Jahresumsatz von mehr als 500.000,00 € oder einen Gewinn aus Gewerbebetrieb von mehr als 50.000,00 € haben (§ 141 AO).

Gewinnbegriff (§ 4 Abs.1 EStG)

Der Gewinnbegriff ist derselbe wie nach § 4 Abs.1 EStG.

Der Gewinn ergibt sich also als Unterschied der Betriebsvermögen zweier aufeinander folgender Wirtschaftsjahre unter Berücksichtigung der Entnahmen und Einlagen.

Grundsatz der Maßgeblichkeit

> Im Gegensatz zum partiellen Betriebsvermögensvergleich, bei dem der Steuerpflichtige bei der Gewinnermittlung nach § 4 Abs.1 EStG nur an die steuerrechtlichen Bilanzierungs- und Bewertungsvorschriften gebunden ist, ist die Steuerbilanz nach § 5 EStG dagegen eine aus der Handelsbilanz abgeleitete Bilanz nach dem **Grundsatz der Maßgeblichkeit**.

Wenn das Handelsrecht eine niedrigere Bewertung vorschreibt, dringt deshalb eine eventuelle Wahlfreiheit nach dem Steuerrecht nicht durch.

Aktivierungsregeln nach § 5 EStG strenger als nach § 4 Abs.1 EStG

Die **Aktivierungsregeln** sind für den nach § 5 EStG Bilanzierenden strenger als für denjenigen, der nach § 4 Abs.1 EStG bilanziert; z.B. braucht der Forstwirt den stehenden Wald nicht zu aktivieren, der Holzhändler als Gewerbetreibender hingegen muss es.

Probleme wirft das Nebeneinander von handelsrechtlichen und steuerrechtlichen Vorschriften zur Rechnungslegung vor allem in den Fällen auf, in denen der Gesetzgeber dem Bilanzierenden Wahlrechte einräumt.

Verhältnis steuerrechtliche zu handelsrechtlichen Vorschriften

Vereinfachend kann das Verhältnis der steuerrechtlichen zu den handelsrechtlichen Vorschriften wie folgt beschrieben werden:

- Für Bilanzansatz, -bewertung und -gliederung gelten die handelsrechtlichen Vorschriften aufgrund des Prinzips der Maßgeblichkeit grundsätzlich auch für die Steuerbilanz. Der Grundsatz der Maßgeblichkeit wird durch die steuerlichen Ansatz- und Bewertungsvorbehalte durchbrochen, §§ 5 Absatz 1a bis 4b, Abs. 6, §§ 6, 6a und 7 EstG.
- Gewährt das Handelsrecht Wahlrechte, so sind in der Steuerbilanz die steuerrechtlichen Vorschriften zu beachten, falls diese die handelsrechtlichen Wahlrechte beschränken.
- Gewährt das Handelsrecht Wahlrechte und fehlen entsprechende steuerrechtliche Vorschriften, so ist die für die Handelsbilanz getroffene Entscheidung auch für die Steuerbilanz anzuerkennen.

4.3.5 Überschussrechnung (§ 4 Abs.3 EStG)

Einnahmen-Überschuss-Rechnung

Zur **Einnahmen-Überschuss-Rechnung** sind Steuerpflichtige berechtigt, die nicht aufgrund gesetzlicher Vorschriften zur Bilanzierung verpflichtet sind und auch freiwillig keine Bücher führen. Außer den kleinen Landwirten (Gewinnermittlung nach Durchschnittssätzen) können dies sein:

- alle Angehörigen freier Berufe,
- Gewerbetreibende mit einem Jahresumsatz bis zu 500.000,00 € und einem Gewinn aus Gewerbebetrieb bis 50.000,00 € .

Für ab 2004 beginnende Wirtschaftsjahre muss bei der Einnahmen-Überschuss-Rechnung neben der Steuererklärung eine Gewinnermittlung nach amtlichen Vordruck beigefügt sein (§ 60 Abs.4 EStDV).

> Gewinn ist in diesem Fall der Überschuss der Betriebseinnahmen über die Betriebsausgaben.

Die Buchführung aufgrund gesetzlicher Vorschriften sowie Inventur und Bilanz entfallen.

Vereinnahmung und Verausgabung

Grundsätzlich wird auch keine Periodisierung der Einnahmen und Ausgaben – als Aufwand und Ertrag – vorgenommen. Es gilt das Zufluss- und das Abflussprinzip (§ 11 EStG, **Vereinnahmung** und **Verausgabung**):

- Eine Einnahme ist zugeflossen, wenn der Steuerpflichtige wirtschaftlich über sie verfügen kann;
- für eine Ausgabe ist grundsätzlich der Zeitpunkt maßgeblich, in dem die tatsächliche Verfügungsgewalt über das Geld verloren gegangen ist.

Bei der Gewinnermittlung gem. § 4 Abs.3 EStG sind die Entnahmen und die Einlagen getrennt aufzuzeichnen.

Betriebseinnahmen

Betriebseinnahmen = Zugänge von Wirtschaftsgütern

Betriebseinnahmen sind Zugänge von Wirtschaftsgütern, die durch den Betrieb veranlasst sind. Sie stammen aus:

- Verkäufen (ohne die entstandenen Forderungen),
- Veräußerung von Anlagegütern,
- erhaltenen Vorschüssen,
- Sachentnahmen (zum Teilwert).

keine Betriebseinnahmen

Keine Betriebseinnahmen sind:

- erhaltene Darlehen,
- Beträge, die im Namen und für Rechnung eines anderen eingehen,
- Einlagen.

Betriebsausgaben

Betriebsausgaben = durch den Betrieb veranlasste Aufwendungen

Betriebsausgaben sind die Aufwendungen, die durch den Betrieb veranlasst sind (§ 4 Abs.4 EStG), z.B.:

- Zahlungen für Wareneinkäufe – gleichgültig, ob die Ware bereits eingesetzt oder verbraucht worden ist,
- Lohn-, Miet-, Stromausgaben, Zinsen,
- Abschreibung (Absetzung für Abnutzung (AfA)) für abnutzbare Anlagegüter, z.B. Einrichtungsgegenstände, Praxiswert der freien Berufe,
  - die AfA i. S. d. § 7g EStG (Investitionsabzugsbetrag) ist zulässig, bevor die Anlagegegenstände bezahlt worden sind;
  - außergewöhnliche AfA ist bei technischem oder wirtschaftlichem Werteverzehr möglich;
- Sacheinlagen; sind dieses Anlagegüter, wird der Wert über die AfA abgesetzt.

Regelmäßig wiederkehrende und in der Höhe in etwa feststehende Ausgaben, die kurze Zeit (~ 10 Tage) vor oder nach dem Jahresende vorgenommen werden, gelten in dem Jahr bewirkt, zu dem sie wirtschaftlich gehören. Die Zahlungen müssen aber zum Jahresende fällig sein (§ 11 Abs.1 EStG).

keine Betriebsausgaben

Keine Betriebsausgaben sind Tilgungszahlungen für Darlehen. Anschaffungskosten für nicht abnutzbare Anlagegüter sind erst bei der Veräußerung zu berücksichtigen. Auch die Gewerbesteuer ist seit dem 01.01.2008 keine Betriebsausgabe mehr (vgl. § 4 Abs. 5b EStG).

Betriebsausgaben, die nicht abgezogen werden dürfen

Betriebsausgaben, die nicht abgezogen werden dürfen, sind:

- Aufwendungen für Geschenke an Personen, die nicht Arbeitnehmer des Steuerpflichtigen sind, wenn die Anschaffungs- oder Herstellungskosten insgesamt 35,00 € im Wirtschaftsjahr übersteigen (§ 4 Abs.5 Nr.1 EStG),
- Aufwendungen für die Bewirtung von Personen aus geschäftlichem Anlass, wenn diese Aufwendungen 70 % der nach allgemeiner Auffassung üblichen Bewirtungskosten übersteigen (§ 4 Abs.5 Nr.2 EStG).
- von einem Gericht oder einer Behörde festgesetzte Geldbußen, Ordnungsgelder und Verwarnungsgelder (§ 4 Abs.5 Nr. 8 EStG),
- Aufwendungen zur Förderung staatspolitischer Zwecke (§ 4 Abs.6 EStG).

Hinweis: Diese nicht abzugsfähigen Betriebsausgaben beziehen sich auf alle drei Gewinneinkunftsarten.

Generell nicht abzugsfähige Ausgaben, die bei keiner Einkunftsart berücksichtigt werden dürfen, sind nach § 12 EStG:

- Aufwendungen für den Haushalt und den Unterhalt von Familienangehörigen; dazu gehören auch beruflich förderliche, repräsentative Lebenshaltungskosten, die eine gesellschaftliche Stellung betonen;
- Zuwendungen freiwilliger oder gesetzlicher Art (Unterhaltszahlungen) an andere Personen;
- jede Art der Einkommensteuer oder sonstige Personensteuer, die Umsatzsteuer für Umsätze, die Entnahmen sind (Eigenverbrauch) oder andere Privatentnahmen inkl. steuerlicher Nebenleistungen;
- alle Arten von Geld- oder sonstigen vermögensmindernden Strafen, die in einem Strafverfahren festgesetzt wurden.

4.4 Bewertungsmaßstäbe für das Betriebsvermögen

Nach § 6 EStG sind für die Bewertung der einzelnen Wirtschaftsgüter, die nach § 4 Abs.1 oder nach § 5 EStG als Betriebsvermögen anzusetzen sind, folgende Bewertungsmaßstäbe von Bedeutung:

Bewertung der einzelnen Wirtschaftsgüter (§ 6 EStG)

- Anschaffungskosten,
- Herstellungskosten,
- Teilwert.

4.4.1 Anschaffungskosten

Die **Anschaffungskosten** (AK) umfassen sämtliche Aufwendungen, die geleistet werden, um einen Vermögensgegenstand zu erwerben und in einen betriebsbereiten Zustand zu versetzen, soweit diese Aufwendungen dem Vermögensgegenstand einzeln zugeordnet werden können (§ 255 Abs.1 HGB).

Anschaffungskosten umfassen sämtliche Aufwendungen

Nicht zu den Anschaffungskosten gehören somit Kosten, die sich nicht eindeutig und konkret dem Anschaffungsvorgang zuordnen lassen; z.B. Verwaltungs-, Geldbeschaffungs- und Finanzierungskosten. Nachträgliche Erhöhungen und Minderungen der Anschaffungskosten sind grundsätzlich zu berücksichtigen.

Anschaffungskosten setzen sich wie folgt zusammen (R 6.2 EStR, § 255 Abs.1 HGB):

Zusammensetzung der Anschaffungskosten (§ 255 Abs.1 HGB)

	Anschaffungspreis	Bruttorechnungspreis abzüglich der Vorsteuer; aktivierungsfähig ist nur der Nettopreis (§ 9b Abs.1 EStG).
+	Anschaffungsnebenkosten	sämtliche notwendigen Ausgaben und Aufwendungen, um den erworbenen Gegenstand in Betrieb zu nehmen, wie z.B. Transportkosten, Transportversicherungen, Aufstellungs- und Montagekosten, Beurkundungsgebühren, Provisionen, bei der Anschaffung anfallende Steuern, Zölle usw.
-	Anschaffungspreisminderungen	sämtliche Nachlässe, die den Anschaffungspreis ermäßigen, z.B. Boni, Skonti, Rabatte, Zuschüsse Dritter (Subventionen)
+	nachträgliche Anschaffungskosten	sämtliche Kosten, die beim nachträglichen Ein- oder Anbau von Zusatzgeräten entstehen, sowie Erschließung, Straßenbau, Um- oder Ausbau usw.
-	nachträgliche Anschaffungspreisminderungen	sämtliche nachträglich gewährten Boni, Skonti, Rabatte und andere Preisnachlässe.

Hinweis: Der Teil des Vorsteuerbetrags, der nicht bei der Umsatzsteuer abgezogen werden kann (§ 15 UStG) muss den Anschaffungskosten bzw. Herstellungskosten zugerechnet werden (§ 9b Abs.1 EStG).

4.4.2 Herstellungskosten

Die **Herstellungskosten** (HK) umfassen die durch den Verbrauch von Gütern und die Inanspruchnahme von Diensten für die Herstellung eines Erzeugnisses dem Unternehmen tatsächlich entstandenen Kosten (§ 255 Abs.2 HGB).

Herstellungskosten nach altem Recht

Während die **handelsrechtliche Untergrenze** für den Bewertungsansatz der Herstellungskosten die Summe der Einzelkosten darstellt, gehören nach den Einkommensteuer-Richtlinien die notwendigen Gemeinkosten und der produktionsnahe Aufwand (Wertverzehr des Anlagevermögens – AfA) neben den Einzelkosten zu den aktivierungspflichtigen Herstellungskosten (**steuerrechtliche Untergrenze**).

Sowohl steuerrechtlich als auch handelsrechtlich besteht für den Ansatz der Verwaltungsgemeinkosten sowie die Aufwendungen für soziale Einrichtungen, soweit sie auf den Herstellungszeitraum entfallen, ein Wahlrecht. Vertriebskosten dürfen weder handels- noch steuerrechtlich aktiviert werden.

Herstellungskosten nach BilMoG:

Nach der Änderung durch das Bilanzrechtmodernisierungsgesetz (BilMoG) müssen das nach dem 31.12.2009 beginnende Wirtschaftsjahr angemessene Teile der Materialgemeinkosten, der Fertigungsgemeinkosten und des Werteverzehrs des Anlagevermögens, soweit diese durch die Fertigung veranlasst sind, als Herstellungskosten aktiviert werden, § 255 II S. 2 HGB n.F.

Bisher unterschieden sich die Wertuntergrenzen in der Handels- und Steuerbilanz. Durch die vom BilMoG herbeigeführte Annäherung gelten für die Handels- als auch für die Steuerbilanz zukünftig grundsätzlich die gleichen Wertuntergrenzen für Herstellungskosten. Forschungs- und Vertriebskosten dürfen nicht mit in die Herstellungskosten einbezogen werden, § 255 II S. 4 HGB n.F.

Schema der Herstellungskosten im Vergleich Handels- und Steuerrecht
(R 6.3 EStR, § 255 Abs.2 HGB)

	Handelsrecht	Steuerrecht
Materialeinzelkosten (Fertigungsmaterial) z.B. Kosten für Rohstoffe	Pflicht	Pflicht
+ Materialgemeinkosten z.B. Kosten für Lagerhaltung, Transport	Wahlrecht	Pflicht
= Materialkosten		
Fertigungseinzelkosten z.B. Akkordlöhne in der Fertigung	Pflicht	Pflicht
+ Fertigungsgemeinkosten z.B. Zeitlöhne, Kosten für Maschinen	Wahlrecht	Pflicht
+ Sondereinzelkosten der Fertigung z.B. Modelle für die Serienproduktion	Pflicht	Pflicht
+ Wertverzehr des der Fertigung dienenden Anlagevermögens (AfA-Betrag)	Wahlrecht	Pflicht
= Fertigungskosten		
+ Materialkosten		
+ Verwaltungsgemeinkosten z.B. Gehälter für Angestellte, Aufwendungen für Geschäfts- leitung, Rechnungswesen	Wahlrecht	Wahlrecht
+ Aufwendungen für soziale Einrichtungen/Leistungen/betriebliche Altersversorgung z.B. Aufwendungen für Kantine, Essenzuschüsse	Wahlrecht	Wahlrecht

	Handelsrecht	Steuerrecht
= handels- und steuerrechtliche Herstellungskosten		
+ Vertriebsgemeinkosten + Sondereinzelkosten des Vertriebs	Verbot Verbot	Verbot Verbot
= Selbstkosten der Kostenrechnung		

Schema der Herstellungskosten im Vergleich nach dem BilMoG

	Handelsrecht- nach BilMoG	Steuerrecht
Materialeinzelkosten	Pflicht	Pflicht
Fertigungseinzelkosten	Pflicht	Pflicht
Materialgemeinkosten	Pflicht	Pflicht
Fertigungsgemeinkosten	Pflicht	Pflicht
Verwaltungskosten des Material-/ Fertigungsbereich	Pflicht	Pflicht
Werteverzehr des AV	Pflicht	Pflicht
	Herstellungskostenwertuntergrenze	
Aufwendungen für Soziale Einrichtungen des Betriebs	Wahlrecht	Wahlrecht
Aufwendungen für freiwillige Soziale Einrichtungen	Wahlrecht	Wahlrecht
Aufwendungen für betriebliche Altersversorgung	Wahlrecht	Wahlrecht
Fremdkapitalzinsen	Wahlrecht (unter bestimmten Voraussetzungen)	Wahlrecht (unter bestimmten Voraussetzungen)
Allgemeine Verwaltungskosten	Wahlrecht	Wahlrecht
	Herstellungskostenwertobergrenze	
Vertriebskosten	Verbot	Verbot
Forschungskosten	Verbot	Verbot

Beispiel 4.1

1. Fertigungsmaterial	50.000,00 €
2. Materialgemeinkosten (20 % auf die Materialeinzelkosten)	10.000,00 €
3. Fertigungslöhne (brutto) + Arbeitgeber-Anteil Sozialversicherung	40.000,00 €
4. Fertigungsgemeinkosten (200 % auf die Fertigungseinzelkosten)	80.000,00 €
5. Verwaltungsgemeinkosten (10 % auf die HK)	18.000,00 €
6. Vertriebskosten	15.000,00 €

Lösung:	*Handelsrecht*	*Steuerrecht*
aktivierungspflichtige HK: Untergrenze	90.000,00 € (1. + 3.)	180.000,00 € (1. – 4.)
+ aktivierungsfähige HK:	+ 108.000,00 € (2.,4.,5.)	+ 18.000,00 € (5.)
= aktivierungsfähige HK: *Obergrenze*	= 198.000 ,00 €	= 198.000,00 €

Beispiel 4.1 nach dem BilMoG

Lösung:	*Handelsrecht nach BilMoG*	*Steuerrecht*
aktivierungspflichtige HK: Untergrenze	180.000,00 € (1.-4.)	180.000,00 € (1.-4.)
+ aktivierungsfähige HK:	+ 18.000,00 € (5.)	+ 18.000,00 € (5.)
= aktivierungsfähige HK: *Obergrenze*	= 198.000,00 €	= 198.000,00 €

4.4.3 Teilwert

Teilwert (§ 6 Abs.1 Nr.1 EStG)

Ein besonderer Bewertungsmaßstab des Steuerrechts ist der **Teilwert**. Hierbei handelt es sich um den Betrag, *„(...) den ein Erwerber des ganzen Betriebs im Rahmen des Gesamtkaufpreises für das einzelne Wirtschaftsgut ansetzen würde; dabei ist davon auszugehen, dass der Erwerber den Betrieb fortführt."* (§ 6 Abs.1 Nr.1 Satz 3 EStG)

Theoretisch ist dieser Begriff unhaltbar, da er einen objektiven Unternehmenswert und die Möglichkeit der Zuteilung eines Gesamtkaufpreises auf die einzelnen Vermögensgegenstände voraussetzt; dabei darf der Firmenwert nicht auf die einzelnen Teile umgelegt werden.

praktische Anwendbarkeit durch Teilwertvermutungen

Dem Teilwert entsprechen hilfsweise die vorgenannten Wertansätze (AK bzw. HK), d.h. praktisch anwendbar wird der Begriff des Teilwertes erst durch die von der Rechtsprechung entwickelten Teilwertvermutungen:

- Im Zeitpunkt der Anschaffung oder Herstellung besteht die Vermutung, dass der Teilwert den AK oder den HK entspricht. Bei nicht abnutzbaren Wirtschaftsgütern des Anlagevermögens gilt diese Vermutung auch für spätere Bewertungsstichtage.

- Für die Bilanzstichtage nach der Anschaffung oder Herstellung gilt für die abnutzbaren Wirtschaftsgüter des Anlagevermögens die Vermutung, dass der Teilwert den AK bzw. HK abzüglich der Abschreibung entspricht.
  Obere Grenze für den Teilwert bildet der **Wiederbeschaffungswert** (für betriebsnotwendige Wirtschaftsgüter). Haben Wirtschaftsgüter des Umlaufvermögens einen Börsen- oder Marktpreis, so entspricht dieser dem Teilwert.
  Untere Grenze für den Teilwert bildet der **Einzelveräußerungspreis** (bei „überflüssigen" Wirtschaftsgütern). Das ist der Preis, der sich bei einer Veräußerung des einzelnen Wirtschaftsgutes wahrscheinlich erzielen lässt. Dies ist dann von Bedeutung, wenn der Erwerber eines Betriebes auf dieses Gut verzichten könnte, z.B. eine ausrangierte Maschine.

Nach § 6 Abs.1 EStG hat der Teilwert für die Bewertung von Wirtschaftsgütern im Betriebsvermögen folgende Bedeutung:

Bedeutung des Teilwerts für die Bewertung von Wirtschaftsgütern im Betriebsvermögen

- **Abnutzbare Anlagevermögensgegenstände.** Diese sind grundsätzlich mit den AK bzw. den HK abzüglich Abschreibung anzusetzen.
  Ist der Teilwert voraussichtlich dauerhaft niedriger, so kann der Teilwert angesetzt werden (§ 6 Abs.1 Nr.1 EStG).
  Bei einer lediglich vorübergehenden Wertminderung darf nach steuerrechtlichen Vorschriften keine Teilwertabschreibung mehr erfolgen. Ist der Grund für die ursprüngliche Teilwertabschreibung nicht mehr gegeben, muss der Wert wieder erhöht werden – Wertaufholung (Zuschreibung) bis zur Höhe der AK oder HK bzw. der fortgeschriebenen AK oder HK – (§ 6 Abs.1 Nr.1 EStG).
  Die Beweislast für einen fortdauernden niedrigeren Teilwert liegt beim Steuerpflichtigen.
  - kein Wahlrecht
- **Nicht abnutzbare Anlagevermögensgegenstände und Umlaufvermögen**
  Diese sind grundsätzlich mit den AK bzw. HK anzusetzen. Auch hier kann der Teilwert angesetzt werden, sofern er dauerhaft niedriger ist (§ 6 Abs.1 Nr.2 EStG).
  Auch hier gilt das Wertaufholungsgebot; d.h., wenn der Grund für die vorgenommene Teilwertabschreibung nicht mehr besteht, muss der Wert wieder erhöht werden.
  - kein Wahlrecht
    Bei gleichartigen Wirtschaftsgütern des Vorratsvermögens kann für den Wertansatz unterstellt werden, dass die zuletzt angeschafften oder hergestellten Wirtschaftsgüter zuerst verbraucht oder veräußert worden sind (Lifo-Methode), sofern dieses den handelsrechtlichen Grundsätzen ordnungsgemäßer Buchführung entspricht (§ 6 Abs.1 Nr.2a EStG).
  - Wahlrecht für Steuerpflichtige, die den Gewinn nach § 5 EStG ermitteln
- **Verbindlichkeiten** nach § 6 Abs.1 Nr.3 EStG sind Verbindlichkeiten mit einer Laufzeit von mehr als 12 Monaten am Bilanzstichtag grundsätzlich mit einem 5,5 % abgezinsten Nennwert zu bewerten.
  Es sind die Bewertungsmaßstäbe für nicht abnutzbare Anlagegüter und Umlaufvermögen sinngemäß anzuwenden; d.h. unter Nennwert sind i.d.R die AK zu verstehen.
  Das gilt nicht für verzinsliche Verbindlichkeiten sowie andere Verbindlichkeiten, die auf einer Anzahlung oder Vorleistung beruhen oder weniger als 12 Monate Laufzeit haben.
  Ist der tatsächliche Rückzahlungsbetrag höher z.B. durch ein Disagio, so muss der Unterschiedsbetrag auf die gesamte Laufzeit verteilt werden. Diese Verteilung erfolgt über aktive Rechnungsabgrenzungsposten in der Bilanz.

Hinweis: Ab 1999 besteht auch für langfristige Rückstellungen ein generelles 5,5 % Abzinsungsgebot (§ 6 Abs.1 Nr.3a EStG).

- kein Wahlrecht, Einhaltung des Höchstwertprinzips

- **Entnahmen und Einlagen.** Nach § 6 Abs.1 Nr.4 EStG sind Entnahmen für private oder betriebsfremde Zwecke grundsätzlich mit dem Teilwert anzusetzen. Ausnahme ist die private Kfz-Nutzung; hier ist monatlich 1 % des inländischen Listenpreises vom Zeitpunkt der Erstzulassung des Kfz zuzüglich Kosten für Sonderausstattungen einschließlich der Umsatzsteuer anzusetzen.
  - grundsätzlich kein Wahlrecht
    Einlagen sind nach § 6 Abs.1 Nr.5 EStG mit dem Teilwert zum Zeitpunkt der Zuführung anzusetzen, höchstens jedoch mit den AK bzw. HK, wenn das Wirtschaftsgut innerhalb der letzten 3 Jahre angeschafft oder hergestellt wurde.
  - kein Wahlrecht
- **Geringwertige Wirtschaftsgüter** (GWG). Bei Gewinneinkünften gibt es seit 2010 ein Wahlrecht: Entweder werden die Anschaffung- oder Herstellungskosten des Wirtschaftsguts von bis zu 410,00 € sofort abgezogen (§ 6 Abs. 2 EStG) oder es wird, wenn die Anschaffungs- und Herstellungskosten zwar 150,00 €, aber nicht 1.000,00 € übersteigen, ein Sammelposten gebildet, der auf 5 Jahre abzuschreiben ist (§ 6 Abs. 2a EStG).
  - Wahlrecht

4.5 Abschreibungen (AfA – Absetzung für Abnutzung)

Absetzung für Abnutzung: AfA

Nach § 7 Abs. 1 EStG werden alle Wirtschaftsgüter, deren Verwendung oder Nutzung dem Steuerpflichtigen zur Erzielung von Einkünften dient und deren Nutzungsdauer sich erfahrungsgemäß auf mehr als ein Jahr erstreckt, abgeschrieben (Absetzung für Abnutzung – AfA).

Abschreibungen: steuerrechtlich ein Aufwand

Steuerrechtlich stellen die Abschreibungen einen Aufwand dar; sie vermindern somit den steuerpflichtigen Gewinn und damit auch zugleich die gewinnabhängigen Steuern:

- Einkommensteuer,
- Körperschaftsteuer,
- Gewerbeertragsteuer.

Ursachen von Wertminderung bei Anlagen

Die Wertminderung der Anlagen wird z.B. durch folgende Ursachen abschreibungsmäßig bestimmt:

- Gebrauchsverschleiß (Nutzung),
- natürlicher Verschleiß (Rost, Verwitterung),
- technischer Fortschritt,
- wirtschaftliche Überholung bzw. Entwertung,
- Rechtsablauf (Verträge),
- außergewöhnliche Ereignisse (Schadensfälle).

Abschreibungsarten

Die Abschreibung kann als

- planmäßige AfA (§ 7 Abs.1 Satz 1-4 EStG),
- Absetzung für außergewöhnliche Abnutzung (AfaA) (§ 7 Abs.1 Satz 7 EStG),
- Teilwertabschreibung (§ 6 Abs.1 EStG),
- steuerliche Sonderabschreibung; geregelt im EStG, in verschiedenen speziellen Gesetzen, der EStDV u.a.,
- Investitionsabzugsbetrag nach § 7g EStG (ab 2008)

erfolgen.

Sie erfüllt folgende Funktionen:

Funktionen der Abschreibung

- Verbesserung des Vermögensausweises,
- periodengerechter Erfolgsausweis,
- Finanzierungs- und Kapitalerhaltungsfunktion,
- bilanz- und steuerpolitische Funktion.

Bei der Bewertung des abnutzbaren Anlagevermögens geben die AfA-Tabellen Hinweise auf die angemessene voraussichtliche Nutzungsdauer. Soll die in den Tabellen genannte Nutzungsdauer unterschritten werden, so müssen dafür besondere objektive, nachprüfbare Gründe vorliegen, z.B. der Einfluss von Nässe, Säure, außergewöhnlich hohe Beanspruchung.

AfA-Tabellen: Hinweise auf voraussichtliche Nutzungsdauer

Bei abnutzbaren Anlagegütern beginnt die AfA im Monat der Anschaffung oder Herstellung, d.h. es ist grundsätzlich die zeitanteilige (monatsgenaue) Berechnung der Abschreibung im ersten Jahr vorgeschrieben (§ 7 Abs.1 Satz 4 EStG).

abnutzbare Anlagegüter: AfA beginnt im Monat der Anschaffung oder Herstellung

Wird ein Anlagegut des Anlagevermögens während des Geschäftsjahres verkauft, muss der Buchwert (Restwert) für den Zeitpunkt des Verkaufes ermittelt werden und bis zum vorhergehenden Monat die zeitanteilige Berechnung der AfA vorgenommen werden (R 7 EStR).

Ab 01.01.2010 besteht nun ein Wahlrecht je Wirtschaftsjahr für geringwertige Wirtschaftsgüter. Hierbei können Wirtschaftsgüter nach § 6 Abs. 2 EStG mit Anschaffungskosten bis 410,00 € netto im Jahr der Anschaffung sofort abgeschrieben werden.

Pool-AfA

Alternativ kann weiterhin die Regelung zum Sammelposten nach § 6 Abs 2a EStG angewendet werden.

Abnutzbare Anlagegüter sind planmäßig abzuschreiben, d.h. nach ihrer betriebsgewöhnlichen Nutzungsdauer.

Die Anschaffungs- bzw. Herstellungskosten werden nach bestimmten Abschreibungsmethoden auf die Nutzungsjahre verteilt.

Steuerrechtlich zulässige Abschreibungsmethoden sind:

Abschreibungsmethoden

- lineare Abschreibung (AfA in gleich bleibenden Jahresbeträgen),
- degressive Abschreibung (AfA in fallenden Jahresbeträgen) nach Wegfall für 2008, zeitlich befristete Wiedereinführung von 2009-2010,
- leistungsmäßige Abschreibung (AfA nach Maßgabe der Leistung).

4.5.1 Lineare Abschreibung

Bei der linearen Abschreibung werden jährlich gleich bleibende Beträge abgeschrieben, deren Höhe sich nach einem aus der Nutzungsdauer ergebenden Prozentsatz von den Anschaffungs- bzw. Herstellungskosten errechnet (§ 7 Abs.1 EStG):

lineare Methode: Abschreibung jährlich gleich bleibender Beträge

$$\text{Abschreibungsbetrag} = \frac{\text{AK bzw. HK}}{\text{Nutzungsdauer}}$$

$$\text{Abschreibungsprozentsatz} = \frac{100}{\text{Nutzungsdauer}}$$

steuerrechtliche Zulässigkeit

Steuerrechtlich ist die lineare AfA bei allen beweglichen und unbeweglichen abnutzbaren Anlagegütern zulässig.

4.5.2 Degressive Abschreibung

degressive Methode: jährliche Abschreibung eines gleich bleibenden Prozentsatzes vom Restbuchwert

Bei der degressiven Abschreibung für Wirtschaftsgüter, die nach dem 31.12.2008 und vor 01.01.2011 angeschafft wurden, wird jährlich ein gleichbleibender Prozentsatz vom Restbuchwert abgeschrieben. Der Restbuchwert ermittelt sich jährlich durch die um alle bisherigen Abschreibungen verminderten Anschaffungs- bzw. Herstellungskosten (§ 7 Abs.2 EStG). Hierdurch ergibt sich ein jährlich fallender Abschreibungsbetrag. Da bei der degressiven Methode immer ein rechnerischer Restbuchwert bleibt, wird in der Praxis häufig zur linearen Methode gewechselt; i.d.R dann, wenn der degressive Abschreibungsbetrag niedriger wird als der lineare.

Sinnvoll wird der Wechsel, wenn

Wechsel der Abschreibung von degressiv auf linear

$$\text{Restnutzungsdauer} < \frac{100}{\text{Abschreibungssatz}}$$

Der Restbuchwert wird dann in gleichen Beträgen (linear) auf die verbleibenden Nutzungsjahre verteilt:

$$\text{Abschreibungsbetrag} = \frac{\text{Restbuchwert zum Zeitpunkt des Wechsels}}{\text{Restnutzungsjahre}}$$

steuerrechtliche Zulässigkeit

- Steuerrechtlich ist die degressive AfA nur bei beweglichen Wirtschaftsgütern zulässig (§ 7 Abs. 2 EStG). Der Wechsel von der degressiven zur linearen AfA ist möglich, nicht umgekehrt (§ 7 Abs.3 EStG). Für Wirtschaftsgüter, die in 2008 angeschaft oder hergestellt wurden, ist ein Ansatz degressiver AfA nicht mehr gesetzlich zugelassen. Für die Veranlagungszeiträume 2009 und2010 ist die degressive AfA befristet wieder eingeführt worden.

Höchstsatz der degressiven AfA

- Der Abschreibungssatz der degressiven AfA darf bei Wirtschaftsgütern höchstens das Zweieinhalbfache des linearen AfA-Satzes betragen, jedoch 25 % nicht übersteigen (§ 7 Abs. 2 Satz 2 EStG). Für bewegliche Wirtschaftsgüter des Anlagevermögens, die in den Jahren 2006 und 2007 angeschafft bzw. hergestellt wurden, darf das Dreifache des linearen AfA-Satzes abgeschrieben werden, jedoch höchstens 30 % (§7 Abs. 2, Satz 3 EStG).
- Bei Wirtschaftsgütern, bei denen die AfA in fallenden Jahresbeträgen bemessen wird, sind Absetzungen für außergewöhnliche technische oder wirtschaftliche Absetzung nicht zulässig (§ 7 Abs.2 EStG).

4.5.3 Leistungsabschreibung

Abschreibung nach Maßgabe der Inanspruchnahme oder Leistung

Da bei leistungsabhängigen Anlagegütern – z.B. Maschinen, Fuhrpark – die Leistung oft erheblichen Schwankungen unterliegt und deren Verschleiß dementsprechend wesentliche Unterschiede aufweisen kann, kann die AfA auch nach Maßgabe der Inanspruchnahme oder Leistung – gefahrene km, Betriebsstunden u.a. – vorgenommen werden (§ 7 Abs.1 Satz 6 EStG).

Die Leistungsabschreibung (AfA nach Maßgabe der Leistung) kann mit oder ohne Berücksichtigung des Zeitfaktors erfolgen. Hier soll jedoch nur die Leistungsabschreibung ohne Berücksichtigung des Zeitfaktors näher erläutert werden.

Ohne Berücksichtigung des Zeitfaktors: Die Anschaffungs- bzw. Herstellungskosten werden durch die Summe der mit dieser Anlage insgesamt möglichen Leistungseinheiten dividiert:

$$\text{AbschreibungsbetragproLeistungseinheit} = \frac{\text{AK bzw. HK}}{\text{Gesamtleistung}}$$

Dieser Teilbetrag wird dann mit der Leistungsmenge der jeweiligen Periode multipliziert.

- Steuerrechtlich ist die AfA nach Maßgabe der Leistung nur bei beweglichen Wirtschaftsgütern zulässig (§ 7 Abs.1 Satz 6 EStG).

steuerrechtliche Zulässigkeit

Beispiel 4.2

Kauf eines Kleinomnibusses:
Anschaffungskosten: 100.000,00 €
geschätzte Laufleistung : 200.000 km
Abschreibungsbetrag: 100.000 € : 200.000 km = 0,50 €/km

Abschreibungsplan:

Ende des Jahres	Leistungsmenge in km	Abschreibungsbetrag in € (km x 0,5)	Restbuchwert in €
1	70.000,00	35.000,00	65.000,00
2	20.000,00	10.000,00	55.000,00
3	60.000,00	30.000,00	25.000,00
4	10.000,00	5.000,00	20.000,00
5	40.000,00	20.000,00	0,00
	200.000,00	100.000,00	0,00

4.5.4 Teilwertabschreibung

Die **Teilwertabschreibung** ist bei allen Wirtschaftsgütern möglich, also auch bei nicht abnutzbarem Anlagevermögen und Umlaufvermögen.

Teilwertabschreibung: bei allen Wirtschaftsgütern möglich

Sie setzt voraus, dass der Teilwert gegenüber dem letzten Bilanzstichtag nachweisbar gesunken ist und die Wertminderung voraussichtlich dauerhaft ist (§ 6 Abs. 1 Nr. 2 EStG).

Für nach dem 31.12.1998 endende Wirtschaftsjahre sind früher vorgenommene Teilwertabschreibungen rückgängig zu machen, sofern die Gründe, die zur Teilwertabschreibung geführt haben, entfallen sind (Wertaufholungsgebot – § 6 Abs.1 Nr.1 Satz 4 EStG).

Die Teilwertabschreibung geht nicht von einem Abschreibungsplan aus; ihr Zeitpunkt kann grundsätzlich vom Kaufmann bestimmt werden.

Hinweis: Beachtung des **Niederstwertprinzips**. Steuerrechtlich handelt es sich hierbei nicht um eine Absetzung, sondern um eine Bewertung (§ 6 Abs.1 EStG).

Ab 2008: Investitionsabzugsbetrag und Sonderabschreibung für kleine und mittlere Betriebe

Gemäß § 7g EStG können Stuerpflichtige mit land- und forstwirtschaftlichen, gewerblichen oder freiberuflichen Einkünften bereits **ein Jahr von Anschaffung oder Herstellung eines Wirtschaftsgutes** - unter den Vorraussetzungen des § 7g EStG - sofort bis zu 40 % der voraussichtlichen Anschaffungs- oder Herstellungskosten **außerbilanziell** abziehen.

Der Höchstbetrag für Investitionsabzugsbeträge beträgt 200.000,00 €.

Nach Anschaffung bzw. Herstellung ist eine zusätzliche Sonder-AfA i.H.v. 20 % anzusetzen.

Zu beachten sind folgende Betriebsgrößenmerkmale:

- Für bilanzierende Gewerbetreibende und Selbstständige, die ihren Gewinn nach § 4 Abs. 1 EStG oder § 5 EStG ermittel: Das Betriebsvermögen darf max. 235.000,00 € betragen.
- Für Steuerpflichtige, die ihren Gewinn durch Einnahme-Überschussrechnung nach § 4 Abs. 3 EStG ermitteln: Der Gewinn darf - vor Abzug des Investitionsabzugsbetrages - max. 100.000,00 € betragen.
- Für land- und forstwirtschaftliche Betriebe mit einem bestimmten max. Wirtschaftswert.

4.5.5 Gebäudeabschreibung

Lineare Gebäudeabschreibung

Bei Gebäuden sind abweichend zur linearen Abschreibung nach § 7 Abs.1 EStG folgende Beträge bis zur vollen Absetzung abzuziehen (§ 7 Abs.4 Nr.1, 2a, b EStG):

- 3 % der AK oder HK pro Jahr, wenn die Gebäude zu einem Betriebsvermögen gehören und nicht zu Wohnzwecken dienen und der Bauantrag nach dem 31.03.1985 gestellt worden ist;
- 2 % der AK oder HK pro Jahr, wenn die Gebäude diese Voraussetzungen nicht erfüllen und nach dem 31.12.1924 fertig gestellt wurden;
- 2,5 % der AK oder HK pro Jahr, wenn die Gebäude diese Voraussetzungen nicht erfüllen und vor dem 01.01.1925 fertig gestellt wurden.

Degressive Gebäudeabschreibung

Bei inländischen Gebäuden, die von Steuerpflichtigen hergestellt oder bis zum Ende des Jahres der Fertigstellung angeschafft wurden, können folgende Beträge abgeschrieben werden (§ 7 Abs.5 EStG):

- Gebäude, die zu einem Betriebsvermögen gehören und nicht zu Wohnzwecken genutzt werden und für die vom Steuerpflichtigen ein Bauantrag vor dem 01.01.1994 gestellt worden ist oder angeschafft worden sind (§ 7 Abs.5 Nr.1 EStG)
  - jeweils 10 % der AK oder HK pro Jahr im Jahr der Fertigstellung oder Anschaffung und in den drei folgenden Jahren,
  - jeweils 5 % der AK oder HK pro Jahr in den drei darauf folgenden Jahren,
  - jeweils 2,5 % der AK oder HK pro Jahr in den darauf folgenden 18 Jahren.

- andere Gebäude, die diese Voraussetzungen nicht erfüllen und für die vom Steuerpflichtigen ein Bauantrag vor dem 01.01.1995 gestellt worden ist oder die angeschafft worden sind (§ 7 Abs.5 Nr.2 EStG).
  - jeweils 5 % der AK oder HK pro Jahr im Jahr der Fertigstellung oder Anschaffung und in den sieben folgenden Jahren,
  - jeweils 2,5 % der AK oder HK pro Jahr in den darauf folgenden sechs Jahren.
  - jeweils 1,25 % der AK oder HK pro Jahr in den darauf folgenden 36 Jahren.
- Gebäude, soweit sie ausschließlich Wohnzwecken dienen und der Bauantrag für das Gebäude nach dem 31.12.2003 und vor dem 01.01.2006 gestellt bzw. dieses angeschafft wurde, mit folgenden Abschreibungssätzen (§ 7 Abs. 5 Satz 1 Nr. 3c EStG).
  - jeweils 4 % der AK oder HK pro Jahr im Jahr der Fertigstellung oder Anschaffung und in den neun folgenden Jahren,
  - jeweils 2,5 % der AK oder HK pro Jahr in den darauf folgenden acht Jahren,
  - jeweils 1,25 % der AK oder HK pro Jahr in den darauf folgenden 32 Jahren.

Durch das „Gesetz zum Einstieg in ein steuerliches Sofortprogramm" vom 23.12.2005 wird auch die degressive AfA für Mietwohnbauten § 7 Abs.5 Satz 1 Nr.3c EStG bei Bauanträgen nach dem 31.12.2005 abgeschafft. Folglich kommt die degressive Gebäude-AfA bei Bauanträgen nach dem 31.12.2005 nicht mehr in Frage.

Praxisübungen

Die Lösungen finden Sie im Band *„Steuerrecht – Übungen & Musterklausuren“* dieser Fachbuchreihe.

Aufgabe 1

- Worin unterscheiden sich Kapitalertragsteuer, Lohnsteuer und Einkommensteuer?

....

....

....

Aufgabe 2

- Die Einkommensteuer ermittelt die Einkünfte aus verschiedenen Einkunftsarten auf verschiedene Weise. Welcher Einkunftsart liegt welche Art der Ermittlung zu Grunde?

....

....

....

Aufgabe 3

- Das zu versteuernde Einkommen wird erst ermittelt, wenn die Summe der Einkünfte aus den Einkunftsarten feststeht, und bestimmte personengebundene Beträge abgezogen sind. Nennen Sie mindestens drei solche personengebundenen Beträge.

....

....

....

Aufgabe 4

- Nennen Sie die verschiedenen Gewinnermittlungsarten.

....

....

....

Aufgabe 5

◆ Welche Korrektur muss am partiellen Betriebsvermögensvergleich bzw. Bestandsvergleich erfolgen, damit das Ergebnis steuerlich verwertbar ist?

....

....

....

Aufgabe 6

◆ Worin liegt der Unterschied zwischen dem partiellen und dem vollständigen Vermögensvergleich?

....

....

....

Aufgabe 7

◆ Was versteht man im Rahmen der Überschussrechnung unter Vereinnahmung und Verausgabung?

....

....

....

Aufgabe 8

◆ Welche Betriebsausgaben dürfen bei den Gewinneinkunftsarten nicht abgezogen werden?

....

....

....

Aufgabe 9

- Worin besteht der Unterschied zwischen den Anschaffungskosten und dem Teilwert?

....

....

....

Aufgabe 10

- Worin weicht das Steuerrecht bei den Herstellungskosten vom Handelsrecht ab?

....

....

....

Aufgabe 11

- Welches sind die Ober- bzw. Untergrenzen für die steuerrechtliche Bewertung (§ 6 Abs.1 EStG) des beweglichen Anlagevermögens?

....

....

....

Aufgabe 12

- Welche Arten der Abschreibung kennt das Steuerrecht und mit welchen Methoden kann abgeschrieben werden?

....

....

....

Aufgabe 13

- Wann wird ein Unternehmer für eine Maschine, die abzuschreiben ist, grundsätzlich den Teilwert wählen, wenn er in einem Jahr einen möglichst niedrigen Gewinn ausweisen will?

....

....

....

Aufgabe 14

Der Steuerpflichtige Ernst Pfiffig erzielt im Jahre 2008 Erlöse aus Warenverkäufen in Höhe von 40.000,00 € und Anlagenverkäufen in Höhe von 1.000,00 €.

Weiterhin erhält der Steuerpflichtige in 2008 eine Vorsteuererstattung für das vergangene Jahr in Höhe von 5.000,00 €.

Herr Pfiffig tätigt in 2008 Materialeinkäufe in Höhe von 10.000,00 € und zahlt an seine Mitarbeiter an Löhnen und Gehältern 12.500,00 €.

Außerdem macht er eine Erbschaft in Höhe von 27.500,00 €, die er auf das Bankkonto des Betriebes einzahlt.

An das Finanzamt muss er in 2008 eine Gewerbesteuernachzahlung für das vergangene Jahr in Höhe von 500,00 € zahlen.

An AfA-Beträgen sind für das Wirtschaftsjahr 2008 insgesamt 2.500,00 € angefallen, die laufenden Umsatzsteuerzahlungen an das Finanzamt in diesem Kalenderjahr betragen 5.000,00 €.

- Erstellen Sie bitte die Einnahmen-Überschuss-Rechnung nach § 4 Abs. 3 EStG.

....

....

....

5

Lohnsteuer (Arbeitgeber)

Die Lohnsteuer ist keine selbstständige Steuer neben der Einkommensteuer, sondern stellt eine besondere Erhebungsform der Einkommensteuer dar.

In diesem Kapitel erhalten Sie einen Einblick über die Lohnsteuer aus Arbeitgebersicht.

Inhalt

- Begriff und allgemeine Charakterisierung
- Berechnung des Lohnsteuerabzugs

5.1 Begriff und allgemeine Charakterisierung

Die **Lohnsteuer** wird bei Einkünften aus nichtselbstständiger Arbeit (§ 19 EStG) durch Abzug vom Arbeitsentgelt erhoben. Grundlage ist die Arbeitnehmereigenschaft eines Steuerpflichtigen.

„Arbeitnehmer sind Personen, die in öffentlichem oder privatem Dienst angestellt oder beschäftigt sind oder waren und die aus diesem Dienstverhältnis oder einem früheren Dienstverhältnis Arbeitslohn beziehen." (§ 1 Abs.1 LStDV)

Dienstverhältnis/ Arbeitgeber

Ein **Dienstverhältnis** liegt vor, wenn der Angestellte (Beschäftigter)

- dem **Arbeitgeber** seine Arbeitskraft „schuldet",
- Weisungen befolgen muss, d.h. bestimmte Tätigkeiten unter der Leitung des Arbeitgebers auszuführen hat (§ 1 Abs.2 LStDV).

Erhebung der Lohnsteuer

Der Lohnsteuer unterliegt grundsätzlich jeder von einem inländischen Arbeitgeber gezahlte Arbeitslohn. Dabei ist es gleichgültig, ob es sich um laufende oder einmalige Bezüge handelt und in welcher Form sie gewährt werden (§ 38 Abs.1 EStG).

Auch die gewerbsmäßige Überlassung (Entleihung) von Arbeitnehmern gehört dazu.

*„**Arbeitslohn** sind alle Einnahmen, die dem Arbeitnehmer aus dem Dienstverhältnis zufließen. Es ist unerheblich, unter welcher Bezeichnung oder in welcher Form die Einnahmen gewährt werden."* (§ 2 Abs.1 LStDV) Der Arbeitnehmer ist somit der Steuerschuldner der Lohnsteuer (§ 38 Abs. 2 EStG).

Quellenabzugsverfahren

Da die Lohnsteuer aber zu dem Zeitpunkt entsteht, in dem der Arbeitslohn dem Arbeitnehmer zufließt, hat der Arbeitgeber grundsätzlich die Lohnsteuer bei jeder Lohnzahlung vom Arbeitslohn einzubehalten (Quellenabzugsverfahren – § 38 Abs. 3 EStG) und an das zuständige Finanzamt abzuführen (Steuerzahler). In bestimmten Fällen hat das Finanzamt zuwenig einbehaltene Lohnsteuer vom Arbeitgeber nachzufordern (§ 42d Abs.1+3 EStG).

Der Arbeitgeber haftet

- für die Lohnsteuer, die er einzubehalten und abzuführen hat;
- für die Einkommensteuer (Lohnsteuer), die auf Grund fehlerhafter Angaben im Lohnkonto oder in der Lohnsteuerbescheinigung verkürzt wird.

Lohnsteuerkarte

Letztmalig für das Kalenderjahr 2010 wird dem unbeschränkt einkommensteuerpflichtigen Arbeitnehmer eine **Lohnsteuerkarte** von der zuständigen Gemeinde ausgestellt und zugeschickt (§ 39 Abs. 1 EStG).

Besteuerungsmerkmale des Arbeitnehmers

Sie enthält Eintragungen individueller Besteuerungsmerkmale des Arbeitnehmers, an die der Arbeitgeber bei der Berechnung der Lohnsteuer gebunden ist:

- Steuerklasse,
- Zahl der Kinderfreibeträge,
- Kirchensteuerabzug.

Jahresfreibeträge

Zusätzlich kann sich jeder Arbeitnehmer auf Antrag bestimmte Jahresfreibeträge eintragen lassen, die vom Arbeitslohn abgezogen werden (§ 39a EStG):

- erhöhte Werbungskosten, die bei Einkünften aus nichtselbstständiger Arbeit anfallen, soweit sie den Arbeitnehmer-Pauschbetrag von 920,00 € übersteigen (§ 9a Satz 1 Nr.1 EStG);
  „Werbungskosten sind Aufwendungen zur Erwerbung, Sicherung und Erhaltung der Einnahmen. Sie sind bei der Einkunftsart abzuziehen, bei der sie erwachsen sind." (§ 9 Abs.1 EStG)

- erhöhte **Sonderausgaben**, soweit sie den Sonderausgaben-Pauschbetrag von 36,00 € übersteigen (§ 10c Abs.1 EStG);
  „Sonderausgaben sind (...) Aufwendungen, wenn sie weder Betriebsausgaben noch Werbungskosten sind." (§ 10 Abs.1 EStG)
- außergewöhnliche Belastungen, der Betrag, der nach den §§ 33, 33a, 33b Abs.6 EStG zu gewähren ist.

„Erwachsen einem Steuerpflichtigen zwangsläufig größere Aufwendungen als der überwiegenden Mehrzahl der Steuerpflichtigen gleicher Einkommensverhältnisse, gleicher Vermögensverhältnisse und gleichen Familienstands (...), so wird auf Antrag die Einkommensteuer dadurch ermäßigt, dass der Teil der Aufwendungen, der die dem Steuerpflichtigen zumutbare Belastung (...) übersteigt, vom Gesamtbetrag der Einkünfte abgezogen wird." (§ 33 Abs.1 EStG)

Ein Antrag auf Eintragung eines Freibetrags wegen erhöhter Werbungskosten, erhöhter Sonderausgaben oder außergewöhnlicher Belastung kann nur gestellt werden, wenn die Aufwendungen bzw. die abziehbaren Beträge insgesamt eine Antragsgrenze von 600,00 € überschreiten (§ 39a Abs. 2 Satz 4 EStG).

Beispiel 5.1

Das Ehepaar Pfarr beabsichtigt, für ihre erhöhten Werbungskosten einen Freibetrag zu beantragen. Beide sind uneingeschränkt einkommensteuerpflichtig und werden zusammen veranlagt. Es liegen folgende Daten vor:

Ausgaben der Ehefrau

Fahrkosten zwischen Wohnung und Arbeitsstätte (Pendlerpauschale in Höhe von 30 Cent für jeden gefahrenen Kilometer zwischen Wohnung und Arbeitsstätte)	1.330,00 €
Beiträge an einen Berufsverband	135,00 €
Fachliteratur	430,00 €
Fortbildungskurs an der VHS	120,00 €
Kirchensteuer	260,00 €

Ausgaben des Ehemannes

Fahrtkosten zwischen Wohnung und Arbeitsstätte	360,00 €
Arbeitskleidung	175,00 €
Kirchensteuer	320,00 €

Lösung:

Werbungskosten der Ehefrau

	Fahrkosten	1.330,00 €	
	Beiträge Berufsverband	135,00 €	
	Fachliteratur	430,00 €	
	Fortbildungskurs	120,00 €	2.015,00 €
-	Arbeitnehmer-Pauschbetrag		920,00 €
=	Freibetrag infolge erhöhter Werbungskosten		1.095,00 €

Die *Werbungskosten des Ehemannes* liegen mit 535,00 € unter dem Arbeitnehmer-Pauschbetrag und können somit nicht angerechnet werden.

Sonderausgaben:

	Kirchensteuer Ehefrau	260,00 €	
	Kirchensteuer Ehemann	320,00 €	580,00 €
–	Sonderausgaben-Pauschbetrag (2 × 36,00 €)		72,00 €
=	Freibetrag infolge erhöhter Sonderausgaben		508,00 €

Summe der Freibeträge		
erhöhte Werbungskosten	1.095,00 €	
erhöhte Sonderausgaben	508,00 €	1.603,00 €

Da für den Ehemann kein Freibetrag berücksichtigt werden kann, sind auf Antrag alle Freibeträge bei der Ehefrau zu berücksichtigen. Dies gilt insbesondere auch für die gemeinsamen Sonderausgaben.

Die Ermittlung der Lohnsteuer erfolgt auf der Grundlage einer allgemeinen Jahreslohnsteuertabelle für Jahresarbeitslöhne bis zu 52.152,00 € (hrsg. vom Bundesminister der Finanzen – BMF).

Diese Jahreslohnsteuertabelle ist auf der Grundlage der Einkommensteuertabellen unter zusätzlicher Berücksichtigung von Steuerklassen abgeleitet.

Lohnsteuertabellen

Aufgrund unterschiedlicher Vorsorgepauschalen hat der BMF zwei verschiedene **Lohnsteuertabellen** aufzustellen und bekannt zu geben:

Die **allgemeine Lohnsteuertabelle**, sie gilt für

- Arbeitnehmer mit Beitragsanteil zur gesetzlichen Rentenversicherung,
- Arbeitnehmer, die auf eigenen Antrag von der gesetzlichen Rentenversicherungspflicht befreit sind und sich freiwillig versichern,
- Arbeitnehmer mit geringfügiger Beschäftigung.

Die **besondere Lohnsteuertabelle** gilt u.a. für

- Beamte, Richter, Berufssoldaten,
- Pensionäre aufgrund beamtenrechtlicher Vorschriften,
- weiterbeschäftigte Altersrentner ohne Beitrag zur gesetzlichen Rentenversicherung.

Bemessungsgrundlage Jahreslohnsteuer: Jahresarbeitslohn

Die Jahreslohnsteuer bemisst sich nach dem Jahresarbeitslohn, d.h. nach dem Arbeitslohn, den der Arbeitnehmer im Kalenderjahr bezieht. Sie wird nach dem Jahresarbeitslohn so bemessen, dass sie der Einkommensteuer entspricht, die der Arbeitnehmer schuldet, wenn er ausschließlich Einkünfte aus nichtselbstständiger Arbeit erzielt.

So wird die Lohnsteuer vom laufenden Arbeitslohn jeweils mit dem auf den Lohnzahlungszeitraum fallenden Teilbetrag der Jahreslohnsteuer erhoben, die sich bei einer Umrechnung des laufenden Arbeitslohns auf einen Jahresarbeitslohn ergibt. Bei der Ermittlung der Lohnsteuer finden die individuellen Besteuerungsgrundlagen, wie z.B.

- Einreihung der Arbeitnehmer in Steuerklassen (§ 38b EStG),
- Ausstellung von entsprechenden Lohnsteuerkarten (§ 39 EStG) sowie
- Feststellung von Freibeträgen (§ 39a EStG)

Berücksichtigung.

Einführung eines neuen Formeltarifs ab dem VZ 2004

Durch die Einführung eines neuen **Formeltarifs** ab dem Veranlagungszeitraum (VZ) 2004 erfolgen der Wegfall der Tarifstufen des bisherigen Steuertarifs sowie die bisherige Abrundungsregelung, die durch eine stufenlose Einkommensteuer- und Lohnsteuer-Ermittlung ersetzt werden.

Gleichzeitig entfällt die gesetzliche Verpflichtung des BMF zur Aufstellung von (Jahres-)Lohnsteuer- und Einkommensteuer-Tabellen.

Die maschinelle Steuerermittlung anhand der Tarifformel wird zur Grundregel erhoben und somit die Verpflichtung für die Finanzverwaltung eingeführt, zur Steuerberechnung jeweils einen amtlichen Programmablauf zu veröffentlichen.

Allerdings sollen zur Vermeidung von Härtefällen für 2004 die bisherigen Lohnsteuertabellen eine „ergänzende Alternative" zur maschinellen Lohnsteuer-Berechnung darstellen, damit kleine Betriebe weiterhin den Lohnsteuerabzug mit Tabellen vornehmen können. Diese Tabellen sehen aber keine Mittelwert-, sondern nur noch eine Oberwertberechnung der Lohnstufen vor, damit sich gegenüber der maschinellen Berechnung keine günstigere Lohnsteuer ergibt.

Mit Einführung der Tarifformel entfällt auch die Stufenbildung bei zu berücksichtigen Vorsorgepauschalen (§ 39b Abs. 2 Nr. 3 EStG); d.h. es wird ein Eintrag der Vorsorgepauschale in Form eines Freibetrages auf der Lohnsteuerkarte vorgenommen.

Für die Durchführung des Lohnsteuerabzugs werden unbeschränkt einkommensteuerpflichtige Arbeitnehmer in Lohnsteuerklassen eingeteilt. Dabei ist zu unterscheiden (§ 38b EStG):

Lohnsteuerklassen (§ 38b EStG)

Lohnsteuerklassen

Steuerklasse I

gilt für ledige und geschiedene Arbeitnehmer sowie für verheiratete Arbeitnehmer, deren Ehegatte im Ausland wohnt oder die von ihrem Ehegatten dauernd getrennt leben. Verwitwete Arbeitnehmer gehören ebenfalls in die Steuerklasse I, wenn der Ehegatte länger als ein Jahr verstorben ist.

Steuerklasse II

gilt für die zu Steuerklasse I genannten Arbeitnehmer, wenn bei ihnen der Entlastungsbetrag für Alleinerziehende (§ 24b) zu berücksichtigen ist.

Steuerklasse III

gilt für verheiratete Arbeitnehmer, wenn beide Ehegatten im Inland wohnen, nicht dauernd getrennt leben und der Ehegatte des Arbeitnehmers keinen Arbeitslohn bezieht oder Arbeitslohn bezieht und in die Steuerklasse V eingereiht wird. Verwitwete Arbeitnehmer gehören nur dann in Steuerklasse III, wenn der Ehegatte im vergangenen Kalenderjahr verstorben ist, beide am Todestag im Inland gewohnt und nicht dauernd getrennt gelebt haben.

Steuerklasse IV

gilt für verheiratete Arbeitnehmer, wenn beide Ehegatten Arbeitslohn beziehen, im Inland wohnen und nicht dauernd getrennt leben.

Steuerklasse V

tritt für einen der Ehegatten an die Stelle der Steuerklasse IV, wenn der andere Ehegatte in die Steuerklasse III eingereiht wird.

Steuerklasse VI

ist auf der zweiten oder weiteren Lohnsteuerkarte von Arbeitnehmern zu bescheinigen, die nebeneinander von mehreren Arbeitgebern Arbeitslohn beziehen.

Hinweis: Ab 2010 neu „optinales Faktorverfahren" gem. § 39 f EStG bei Ehegatten; d. H. Ehepaare können dann nicht nur die Kombination der Steuerklassen III und V wählen, sondern auch gemeinsam nach Steuerklasse IV besteuert werden. Durch das neue Verfahren soll der „Splitting-Vorteil" durch die gemeinsame Besteuerung auf beide Ehegatten verteilt werden.

Seit 2008 erstellt die Finanzbehörde für jeden Deutschen (auch Neugeborene) sogennate „Steuer-Identifikationsnummer". Für jeden Steuerpflichtigen speichert das Bundeszentralamt für Steuern (BZSt) neben dieser ID-Nummer folgende, elektronische Steuerabzugsmerkmale:

- Religionszugehörigkeit,
- Familienstand,
- Kinderfreibeträge,
- Steuerklasse,
- ggf. Freibeträge

vgl. § 39e Einkommenssteuergesetz (EStG).

Diese Merkmale werden an die Arbeitgeber übermittelt, der Arbeitgeber ruft diese Merkmale ab, um sie in das Lohnkonto einzufügen.

Damit endet ab 2011 das Erstellen von Lohnsteuerkarten aus Papier, vgl. § 39 Abs. 1 Satz 1 EStG.

Alle Eintragungen in der Lohnsteuerkarte genau prüfen!

Ordnungsmerkmal des Arbeitgebers

Lohnsteuerkarte 2009

Identifikationsnummer

Gemeinde

AGS

Finanzamt und Nr.

Geburtsdatum

I. Allgemeine Besteuerungsmerkmale

Steuerklasse	Kinder unter 18 Jahren: Zahl der Kinderfreibeträge

Kirchensteuerabzug

(Datum)

(Gemeindebehörde)

II. Änderungen der Eintragungen im Abschnitt I

Steuerklasse	Zahl der Kinderfreibeträge	Kirchensteuerabzug	Diese Eintragung gilt, wenn sie nicht widerrufen wird:	Datum, Unterschrift und Stempel der Behörde
			vom 2009 an bis zum 2009	
			vom 2009 an bis zum 2009	

III. Für die Berechnung der Lohnsteuer sind vom Arbeitslohn als steuerfrei **abzuziehen:**

Jahresbetrag EUR	monatlich EUR	wöchentlich EUR	täglich EUR	Diese Eintragung gilt, wenn sie nicht widerrufen wird:	Datum, Unterschrift und Stempel der Behörde
				vom 2009 an	
in Buchstaben	-tausend		Zehner und Einer wie oben -hundert	bis zum 31.12.2009	
				vom 2009 an	
in Buchstaben	-tausend		Zehner und Einer wie oben -hundert	bis zum 31.12.2009	

IV. Für die Berechnung der Lohnsteuer sind dem Arbeitslohn **hinzuzurechnen:**

Jahresbetrag EUR	monatlich EUR	wöchentlich EUR	täglich EUR	Diese Eintragung gilt, wenn sie nicht widerrufen wird:	Datum, Unterschrift und Stempel der Behörde
				vom 2009 an	
in Buchstaben	-tausend		Zehner und Einer wie oben -hundert	bis zum 31.12.2009	

V. Lohnsteuerbescheinigung für das Kalenderjahr 2009 und besondere Angaben

1. Dauer des Dienstverhältnisses		vom – bis		vom – bis		vom – bis	
2. Zeiträume ohne Anspruch auf Arbeitslohn	Großbuchstaben (S, B, F)	Anzahl „U“:		Anzahl „U“:		Anzahl „U“:	
		EUR	Ct	EUR	Ct	EUR	Ct
3. Bruttoarbeitslohn einschl. Sachbezüge ohne 9. und 10.							
4. Einbehaltene Lohnsteuer von 3.							
5. Einbehaltener Solidaritätszuschlag von 3.							
6. Einbehaltene Kirchensteuer des Arbeitnehmers von 3.							
7. Einbehaltene Kirchensteuer des Ehegatten von 3. (nur bei konfessionsverschiedener Ehe)							
8. In 3. enthaltene steuerbegünstigte Versorgungsbezüge							
9. Steuerbegünstigte Versorgungsbezüge für mehrere Kalenderjahre							
10. Ermäßigt besteuerter Arbeitslohn für mehrere Kalenderjahre (ohne 9.) und ermäßigt besteuerte Entschädigungen							
11. Einbehaltene Lohnsteuer von 9. und 10.							
12. Einbehaltener Solidaritätszuschlag von 9. und 10.							
13. Einbehaltene Kirchensteuer des Arbeitnehmers von 9. und 10.							
14. Einbehaltene Kirchensteuer des Ehegatten von 9. und 10. (nur bei konfessionsverschiedener Ehe)							
15. Kurzarbeitergeld, Zuschuss zum Mutterschaftsgeld, Verdienstausfallentschädigung (Infektionsschutzgesetz), Aufstockungsbetrag und Altersteilzeitzuschlag							
16. Steuerfreier Arbeitslohn nach	Doppelbesteuerungsabkommen						
	Auslandstätigkeitserlass						
17. Steuerfreie Arbeitgeberleistungen für Fahrten zwischen Wohnung und Arbeitsstätte							
18. Pauschalbesteuerte Arbeitgeberleistungen für Fahrten zwischen Wohnung und Arbeitsstätte							
19. Steuerpflichtige Entschädigungen und Arbeitslohn für mehrere Kalenderjahre, die nicht ermäßigt besteuert wurden – in 3. enthalten							
20. Steuerfreie Verpflegungszuschüsse bei Auswärtstätigkeit							
21. Steuerfreie Arbeitgeberleistungen bei doppelter Haushaltsführung							
22. Arbeitgeberanteil zur gesetzlichen Rentenversicherung und an berufsständische Versorgungseinrichtungen							
23. Arbeitnehmeranteil zur gesetzlichen Rentenversicherung und an berufsständische Versorgungseinrichtungen							
24. Steuerfreie Arbeitgeberzuschüsse zur Krankenversicherung und zur Pflegeversicherung							
25. Arbeitnehmeranteil am Gesamtsozialversicherungsbeitrag (ohne 23. und 24.)							
26. Ausgezahltes Kindergeld			—		—		—
Anschrift des Arbeitgebers (lohnsteuerliche Betriebsstätte) Firmenstempel, Unterschrift							
Finanzamt, an das die Lohnsteuer abgeführt wurde **(Name und dessen vierstellige Nr.)**							

5.2 Berechnung des Lohnsteuerabzugs

5.2.1 Besteuerung des laufenden Arbeitslohnes und sonstiger Bezüge

Einkünfte aus nicht selbstständiger Arbeit

Einkünfte aus nichtselbstständiger Arbeit werden grundsätzlich von der Lohnsteuer erfasst. Die Lohnsteuer ist aber im derzeitig gültigen Steuersystem keine selbstständige Steuer neben der Einkommensteuer, sondern stellt eine besondere Erhebungsform der Einkommensteuer dar.

Sie ist somit eine **Personensteuer**, bei der die persönlichen Verhältnisse und damit die wirtschaftliche Leistungsfähigkeit des Steuerpflichtigen berücksichtigt werden.

Veranlagung zur ESt. bei zusätzlichen Einkünften oder mehreren Arbeitgebern

Besteht das Einkommen ganz oder teilweise aus Einkünften aus nichtselbstständiger Arbeit, von denen ein Steuerabzug vorgenommen worden ist, so wird eine Veranlagung nur durchgeführt bei (§ 46 Abs.2 EStG)

- zusätzlichen Einkünften, wenn die Summe dieser einkommensteuerpflichtigen Einkünfte mehr als 410,00 € beträgt. (Sparer-Pauschbetrag von 801,00 €/ 1.602,00 € bei Einkünften aus Kapitalvermögen; § 20 Abs. 4 EStG),
- mehreren Arbeitgebern; wenn der Steuerpflichtige nebeneinander von mehreren Arbeitgebern Arbeitslohn bezogen hat.

Durchführung des Lohnsteuerabzugs

Beim Eintritt in ein Dienstverhältnis oder vor Beginn des Kalenderjahres hat der unbeschränkt einkommensteuerpflichtige Arbeitnehmer seinem Arbeitgeber zur Durchführung des Lohnsteuerabzugs seine Lohnsteuerkarte vorzulegen (§ 39b Abs.1 EStG).

Der Arbeitgeber darf die eingetragenen Merkmale nur für den **Lohnsteuerabzug** verwerten; er darf die Daten nur im Rahmen gesetzlicher Vorschriften ohne Zustimmung des Arbeitnehmers offenbaren.

Für die Einbehaltung der Lohnsteuer hat der Arbeitgeber die

- Höhe des laufenden Arbeitslohnes und
- den Lohnzahlungszeitraum

festzustellen. (§ 39b Abs.2 EStG).

Unter der Voraussetzung der steuerrechtlichen Erfüllung sind folgende auf den Lohnsteuerzeitraum entfallende Anteile vom Arbeitslohn abzuziehen:

Versorgungs-Freibetrag

- **Versorgungs-Freibetrag**, d.h. von Ruhegehältern, Witwen- oder Waisengeldern, Unterhaltsbeiträgen oder gleichartigen Bezügen bleibt ein Betrag in Höhe von 30,4 % dieser Bezüge, höchstens jedoch insgesamt ein Betrag von 2.280,00 € im Veranlagungszeitraum, steuerfrei (§ 19 Abs.2 EStG);

Altersentlastungsbetrag

- **Altersentlastungsbetrag** ist ein Betrag in Höhe von 30,4 % des Arbeitslohnes und der Einkünfte, die nicht aus nichtselbstständiger Arbeit sind, höchstens jedoch ein Betrag von 1.444 € im Kalenderjahr (§ 24a EStG).

Außerdem hat der Arbeitgeber etwaige Freibeträge, die auf der Lohnsteuerkarte des Arbeitnehmers eingetragen sind, abzuziehen.

Dabei sind die auf der Lohnsteuerkarte eingetragene Steuerklasse und die Zahl der Kinderfreibeträge maßgebend. Für die Einbehaltung der Lohnsteuer von einem sonstigen Bezug hat der Arbeitgeber den voraussichtlichen Jahresarbeitslohn ohne den sonstigen Bezug festzustellen.

5.2.2 Anmeldung, Abführung, Änderung und Abschluss des Lohnsteuerabzugs

Lohnsteuerverfahren

Für eine Unternehmung entstehen durch das Lohnsteuerverfahren erhebliche Personal- und Sachmittelkosten. Grund ist die Verpflichtung des Arbeitgebers, für jeden Arbeitnehmer ein Lohnkonto zu führen, die Lohnsteuer zu berechnen, einzubehalten und anschließend an das Finanzamt abzuführen sowie unter bestimmten Voraussetzungen einen Lohnsteuerjahresausgleich vorzunehmen.

Anmeldung und Abführung

Lohnsteuer-Anmeldungszeitraum: grundsätzlich der Kalendermonat

Der Arbeitgeber hat spätestens am 10. Tag nach Ablauf eines jeden Lohnsteuer ➔**Anmeldungszeitraums**, d.h. grundsätzlich nach jedem Kalendermonat, dem Betriebsstättenfinanzamt eine **Lohnsteuer-Anmeldung** einzureichen. Es ist eine Steuererklärung einzureichen, in der die Summe der im Lohnsteuer-Anmeldungszeitraum einzubehaltenden und zu übernehmenden Lohnsteuer angegeben werden muss (§ 41a Abs.1 EStG).

Lohnsteuer-Anmeldungen: der elektronische Weg

Für Anmeldezeiträume, die nach dem 31.12.2004 enden, ist der Arbeitgeber verpflichtet, Lohnsteuer-Anmeldungen auf elektronischem Weg dem Betriebsstättenfinanzamt zu übermitteln. Sofern der Arbeitgeber nicht über die technischen Voraussetzungen verfügt, die für die Übermittlung gemäß der Steuerdaten-Übermittlungsverordnung erforderlich sind, kann das Finanzamt auf Antrag die Anmeldung nach amtlich vorgeschriebenem Vordruck in Papierform zulassen (§ 41a Abs.1 Satz 2, 3 EStG).

Weiterhin muss die im Lohnsteuer-Anmeldungszeitraum insgesamt einbehaltene und übernommene Lohnsteuer an das Finanzamt abgeführt werden.

Ausnahmen: Kalendervierteljahr, Kalenderjahr

Anmeldungszeitraum ist das Kalendervierteljahr, wenn die abzuführende Lohnsteuer für das vorangegangene Kalenderjahr mehr als 1.000,00 €, aber nicht mehr als 4.000,00 € betragen hat.

Als Lohnsteuer-Anmeldungszeitraum gilt das Kalenderjahr, wenn die abzuführende Lohnsteuer für das vorangegangene Kalenderjahr nicht mehr als 1.000,00 € betragen hat (§ 41a Abs. 2 Satz 2 EStG).

Betriebsstättenbestand nicht während des ganzen vorangegangenen Kalenderjahres

Hat eine Betriebsstätte nicht während des ganzen vorangegangenen Kalenderjahres bestanden, muss die für das vorangegangene Kalenderjahr abzuführende Lohnsteuer für die Ermittlung des Lohnsteuer-Anmeldungszeitraums auf einen Jahresbetrag umgerechnet werden (§ 41a Abs.2 Satz 4 EStG).

Beispiel 5.2
Lohnsteuer-Anmeldung

Die Diamantenschleiferei Henkel & Blitz GmbH, Donarstraße 111, 22769 Hamburg, beschäftigte im Januar des Lohnsteuer-Anmeldungszeitraums zwei Angestellte, fünf Arbeiter und einen Auszubildenden. Sie hat für diese Arbeitnehmer folgende Steuerbeträge einbehalten:

Lohnsteuer	3.925,63 €
Solidaritätszuschlag	215,36 €
Kirchensteuer (ev.)	207,06 €
Kirchensteuer (rk.)	66,34 €

Die Firma wird beim Finanzamt Hamburg-Altona unter der Steuernummer 11/1234567890/62 geführt.

- Bitte weiße Felder ausfüllen oder [X] ankreuzen und Hinweise auf der Rückseite beachten -

2009

Fallart	Steuernummer	Unterfallart
11	1234567890	62

30 Eingangsstempel oder -datum

Lohnsteuer-Anmeldung 2009

Finanzamt
Hamburg-Altona
Postfach 50 04 71
22704 Hamburg

Arbeitgeber - Anschrift der Betriebsstätte - Telefonnummer - E-Mail
Henkel & Blitz GmbH
Donarstraße 111
22769 Hamburg

Anmeldungszeitraum
bei **monatlicher** Abgabe bitte ankreuzen

09 01	Jan.	X	09 07	Juli	
09 02	Feb.		09 08	Aug.	
09 03	März		09 09	Sept.	
09 04	April		09 10	Okt.	
09 05	Mai		09 11	Nov.	
09 06	Juni		09 12	Dez.	

bei **vierteljährlicher** Abgabe bitte ankreuzen

09 41	I. Kalendervierteljahr	
09 42	II. Kalendervierteljahr	
09 43	III. Kalendervierteljahr	
09 44	IV. Kalendervierteljahr	

bei jährlicher Abgabe bitte ankreuzen

09 19	Kalenderjahr	

	Kz	Wert
Berichtigte Anmeldung (falls ja, bitte eine „1" eintragen)	10	
Zahl der Arbeitnehmer (einschl. Aushilfs- und Teilzeitkräfte)	86	8

	Kz	EUR	Ct
Summe der einzubehaltenden Lohnsteuer [1)2)]	42	3925	63
Summe der pauschalen Lohnsteuer - ohne § 37b EStG - [1)]	41		
Summe der pauschalen Lohnsteuer nach § 37b EStG [1)]	44		
abzüglich an Arbeitnehmer ausgezahltes Kindergeld	43		
abzüglich Kürzungsbetrag für Besatzungsmitglieder von Handelsschiffen	33		
Verbleiben [1)]	48	3925	63
Solidaritätszuschlag [1)2)]	49	215	36
pauschale Kirchensteuer im vereinfachten Verfahren	47		
Evangelische Kirchensteuer [1)2)]	61	207	06
Römisch-Katholische Kirchensteuer [1)2)]	62	66	34
Gesamtbetrag [1)]	83	4414	39

1) Negativen Beträgen ist ein **Minuszeichen** voranzustellen
2) Nach Abzug der im Lohnsteuer-Jahresausgleich erstatteten Beträge

Ein Erstattungsbetrag wird auf das dem Finanzamt benannte Konto überwiesen, soweit der Betrag nicht mit Steuerschulden verrechnet wird.
Verrechnung des Erstattungsbetrags erwünscht / Erstattungsbetrag ist abgetreten (falls ja, bitte eine „1" eintragen) 29
Geben Sie bitte die Verrechnungswünsche auf einem besonderen Blatt oder auf dem beim Finanzamt erhältlichen Vordruck „Verrechnungsantrag" an.
Die **Einzugsermächtigung** wird ausnahmsweise (z. B. wegen Verrechnungswünschen) für diesen Anmeldungszeitraum **widerrufen** (falls ja, bitte eine „1" eintragen) 26
Ein ggf. verbleibender Restbetrag ist gesondert zu entrichten.

10.02.2009 H. Henkel
Datum, Unterschrift

Hinweis nach den Vorschriften der Datenschutzgesetze:
Die mit der Steueranmeldung angeforderten Daten werden auf Grund der §§ 149 ff. der Abgabenordnung und des § 41a des Einkommensteuergesetzes erhoben.
Die Angabe der Telefonnummer und der E-Mail-Adresse ist freiwillig.

Vom Finanzamt auszufüllen

Bearbeitungshinweis
1. Die aufgeführten Daten sind mit Hilfe des geprüften und genehmigten Programms sowie ggf. unter Berücksichtigung der gespeicherten Daten maschinell zu verarbeiten.
2. Die weitere Bearbeitung richtet sich nach den Ergebnissen der maschinellen Verarbeitung.

11 | 19 | 12

Datum, Namenszeichen/Unterschrift

Kontrollzahl und/oder Datenerfassungsvermerk

8.08 - **LStA** - Lohnsteuer-Anmeldung 2009 -

Hinweise für den Arbeitgeber

Datenübermittlung oder Steueranmeldung auf Papier?

1. Bitte beachten Sie, dass die Lohnsteuer-Anmeldung auf elektronischem Weg nach Maßgabe der Steuerdaten-Übermittlungsverordnung zu übermitteln ist. Einzelheiten hierzu erfahren Sie unter den Internet-Adressen www.elster.de oder www.finanzamt.de sowie bei Ihrem Finanzamt, Ihrem steuerlichen Berater oder Ihrem datenverarbeitenden Unternehmen. Auf Antrag kann das Finanzamt zur Vermeidung unbilliger Härten auf eine elektronische Übermittlung verzichten; in diesem Fall haben Sie oder eine zu Ihrer Vertretung berechtigte Person die Lohnsteuer-Anmeldung zu unterschreiben.

Abführung der Steuerabzugsbeträge

2. Tragen Sie bitte die Summe der einzubehaltenden Steuerabzugsbeträge (§§ 39b bis 39d EStG) in Zeile 17 ein. Die Summe der mit festen oder besonderen Pauschsteuersätzen erhobenen Lohnsteuer nach den §§ 37a, 40 bis 40b EStG tragen Sie bitte in Zeile 18 ein. Nicht einzubeziehen ist die an die Deutsche Rentenversicherung Knappschaft-Bahn-See abzuführende 2 %-ige Pauschsteuer für geringfügig Beschäftigte i. S. d. § 8 Abs. 1 Nr. 1 und § 8a SGB IV. **In Zeile 19 tragen Sie bitte gesondert die pauschale Lohnsteuer nach § 37b EStG ein.** Vergessen Sie bitte nicht, auf dem Zahlungsabschnitt die Steuernummer, den Zeitraum, in dem die Beträge einbehalten worden sind, und je gesondert den Gesamtbetrag der Lohnsteuer, des Solidaritätszuschlags zur Lohnsteuer und der Kirchensteuer anzugeben oder durch Ihre Bank oder Sparkasse angeben zu lassen.

   Sollten Sie mehr Lohnsteuer erstatten, als Sie einzubehalten haben (z. B. wegen einer Neuberechnung der Lohnsteuer für bereits abgelaufene Lohnzahlungszeiträume desselben Kalenderjahres), kennzeichnen Sie bitte den Betrag mit einem deutlichen Minuszeichen. Der Erstattungsantrag ist durch Übermittlung oder Abgabe der Anmeldung gestellt.

3. Reichen die Ihnen zur Verfügung stehenden Mittel zur Zahlung des vollen vereinbarten Arbeitslohns nicht aus, so ist die Lohnsteuer von dem tatsächlich zur Auszahlung gelangenden niedrigeren Betrag zu berechnen und einzubehalten.

4. Eine Eintragung in Zeile 20 (ausgezahltes Kindergeld) kommt grundsätzlich nur bei Arbeitgebern des öffentlichen Rechts in Betracht.

   Arbeitgeber, die eigene oder gecharterte Handelsschiffe betreiben, dürfen einen Betrag von 40 % der Lohnsteuer der auf solchen Schiffen in einem zusammenhängenden Arbeitsverhältnis von mehr als 183 Tagen beschäftigten Besatzungsmitglieder abziehen. Dieser Betrag ist in Zeile 21 einzutragen.

5. Haben Sie in den Fällen der Lohnsteuerpauschalierung nach den §§ 37a, 37b, 40 bis 40b EStG die Kirchensteuer im vereinfachten Verfahren mit einem ermäßigten Steuersatz ermittelt, tragen Sie bitte diese (pauschale) Kirchensteuer in einer Summe in Zeile 24 ein. Die Aufteilung der pauschalen Kirchensteuer auf die steuererhebenden Religionsgemeinschaften wird von der Finanzverwaltung übernommen.

6. Abführungszeitpunkt ist
   a) spätestens der zehnte Tag nach Ablauf eines jeden Kalendermonats, wenn die abzuführende Lohnsteuer für das vorangegangene Kalenderjahr mehr als 3.000 €[1] betragen hat,
   b) spätestens der zehnte Tag nach Ablauf eines jeden Kalendervierteljahres, wenn die abzuführende Lohnsteuer für das vorangegangene Kalenderjahr mehr als 800 €[2], aber nicht mehr als 3.000 €[1] betragen hat,
   c) spätestens der zehnte Tag nach Ablauf eines jeden Kalenderjahres, wenn die abzuführende Lohnsteuer für das vorangegangene Kalenderjahr nicht mehr als 800 €[2] betragen hat.

   Hat Ihr Betrieb nicht während des ganzen vorangegangenen Kalenderjahres bestanden, so ist die für das vorangegangene Kalenderjahr abzuführende Lohnsteuer für die Feststellung des Lohnsteuer-Anmeldungszeitraums auf einen Jahresbetrag umzurechnen.

   Hat Ihr Betrieb im vorangegangenen Kalenderjahr noch nicht bestanden, so ist die auf einen Jahresbetrag umgerechnete, für den ersten vollen Kalendermonat nach der Eröffnung des Betriebs abzuführende Lohnsteuer maßgebend.

7. Im Falle nicht rechtzeitiger Abführung der Steuerabzugsbeträge ist ein Säumniszuschlag zu entrichten. Der Säumniszuschlag beträgt 1 % des rückständigen Steuerbetrages für jeden angefangenen Monat der Säumnis.

8. Verbleibende Beträge von insgesamt weniger als 1 € werden weder erhoben noch erstattet, weil dadurch unverhältnismäßige Kosten entstehen.

Anmeldung der Steuerabzugsbeträge

9. Übermitteln oder übersenden Sie bitte unabhängig davon, ob Sie Lohnsteuer einzubehalten hatten oder ob die einbehaltenen Steuerabzugsbeträge an das Finanzamt abgeführt worden sind, dem Finanzamt der Betriebsstätte spätestens bis zum Abführungszeitpunkt (siehe oben Nummer 6) eine Lohnsteuer-Anmeldung nach amtlich vorgeschriebenem Vordruck.

   Sie sind aber künftig von der Verpflichtung zur Übermittlung oder Abgabe weiterer Lohnsteuer-Anmeldungen befreit, wenn Sie Ihrem Betriebsstättenfinanzamt mitteilen, dass Sie keine Lohnsteuer einzubehalten oder zu übernehmen haben. Gleiches gilt, wenn Sie nur Arbeitnehmer beschäftigen, für die Sie lediglich die 2 %-ige Pauschsteuer an die Deutsche Rentenversicherung Knappschaft-Bahn-See abzuführen haben.

10. Trifft die Anmeldung nicht rechtzeitig ein, so kann das Finanzamt zu der Lohnsteuer einen **Verspätungszuschlag** bis zu 10 % des anzumeldenden Betrages festsetzen.

11. **Um Rückfragen des Finanzamts zu vermeiden, geben Sie bitte in Zeile 15 stets die Zahl der Arbeitnehmer – einschließlich Aushilfs- und Teilzeitkräfte, zu denen auch die an die Deutsche Rentenversicherung Knappschaft-Bahn-See gemeldeten geringfügig Beschäftigten i. S. d. § 8 Abs. 1 Nr. 1 und § 8a SGB IV gehören – an.**

Berichtigung von Lohnsteuer-Anmeldungen

12. Wenn Sie feststellen, dass eine bereits eingereichte Lohnsteuer-Anmeldung fehlerhaft oder unvollständig ist, so ist für den betreffenden Anmeldungszeitraum eine berichtigte Lohnsteuer-Anmeldung zu übermitteln oder einzureichen. Dabei sind Eintragungen auch in den Zeilen vorzunehmen, in denen sich keine Änderung ergeben hat. Es ist nicht zulässig, nur Einzel- oder Differenzbeträge nachzumelden. Für die Berichtigung mehrerer Anmeldungszeiträume sind jeweils gesonderte berichtigte Lohnsteuer-Anmeldungen einzureichen. Den Berichtigungsgrund teilen Sie bitte Ihrem Finanzamt gesondert mit.

[1] Der Betrag von 3.000 € soll durch das Steuerbürokratieabbaugesetz ab 2009 auf 4.000 € erhöht werden (Gesetzesverabschiedung nach Veröffentlichung).

[2] Der Betrag von 800 € soll durch das Steuerbürokratieabbaugesetz ab 2009 auf 1.000 € erhöht werden (Gesetzesverabschiedung nach Veröffentlichung).

Lohnsteuerabzug ohne Lohnsteuerkarte

Arbeitnehmer legt Lohnsteuerkarte schuldhaft nicht vor

Ein Arbeitgeber hat, solange der unbeschränkt einkommensteuerpflichtige Arbeitnehmer ihm eine Lohnsteuerkarte schuldhaft nicht vorlegt, die Lohnsteuer nach der Steuerklasse VI zu ermitteln.

Weist der Arbeitnehmer nach, dass keine Schuldhaftigkeit vorliegt, so hat der Arbeitgeber für die Lohnsteuerberechnung die ihm bekannten Familienverhältnisse zugrunde zu legen.

Weiterhin hat der Arbeitgeber die Möglichkeit, wenn der Arbeitnehmer eine Lohnsteuerkarte für das neue Kalenderjahr bis zur Lohnabrechnung nicht vorgelegt hat, die Lohnsteuer von dem Arbeitslohn für den Monat Januar aufgrund der Eintragungen auf der Lohnsteuerkarte für das vergangene Kalenderjahr zu ermitteln.

Nach Vorlage der Lohnsteuerkarte ist die Lohnsteuerermittlung für den Monat Januar zu überprüfen und gegebenenfalls zu ändern (§ 39c EStG).

Änderung

Gründe zur Änderung des Lohnsteuerabzugs

Eine Änderung des Lohnsteuerabzugs kann durch den Arbeitgeber erfolgen; d.h. dieser ist berechtigt, bei der jeweils nächstfolgenden Lohnzahlung (§ 41c EStG)

- **bisher erhobene Lohnsteuer zu erstatten** oder
- noch nicht erhobene Lohnsteuer nachträglich einzubehalten,

wenn

- ihm der Arbeitnehmer eine Lohnsteuerkarte mit veralteten Eintragungen vorlegt oder
- er erkennt, dass er die Lohnsteuer bisher nicht vorschriftsmäßig einbehalten hat.

Allerdings ist eine Änderung des Lohnabzugs nach Ablauf des Kalenderjahres oder nach Beendigung des Dienstverhältnisses nur bis zur Ausschreibung der Lohnsteuerbescheinigung zulässig.

Macht der Arbeitgeber von seiner Berechtigung zur nachträglichen Einbehaltung von Lohnsteuer keinen Gebrauch oder kann er die Lohnsteuer nachträglich nicht einbehalten, weil

- Eintragungen auf der Lohnsteuerkarte eines Arbeitgebers, die nach Beginn des Dienstverhältnisses vorgenommen worden sind, auf einen Zeitpunkt vor Beginn des Dienstverhältnisses zurückwirken,
- der Arbeitnehmer vom Arbeitgeber keinen Arbeitslohn mehr bezieht oder
- er bereits die Lohnsteuerbescheinigung nach Ablauf des Kalenderjahres ausgeschrieben hat,

muss er dies dem Betriebsstättenfinanzamt unverzüglich anzeigen. Das Finanzamt fordert dann die zuwenig erhobene Lohnsteuer von Arbeitnehmer nach.

Abschluss

Abschluss des Lohnkontos

Am Ende eines Kalenderjahres oder bei Beendigung eines Dienstverhältnisses hat der Arbeitgeber das Lohnkonto des Arbeitnehmers abzuschließen.

elektronische Lohnsteuerbescheinigung

Er hat aufgrund der Eintragungen im Lohnkonto *„nach amtlich vorgeschriebenem Datensatz durch Datenfernübertragung an die amtlich bestimmte Übermittlungsstelle“* (§ 41b Abs.1 EStG) insbesondere folgende Angaben zu übermitteln (➔ elektronische **Lohnsteuerbescheinigung**):

- Name, Vorname, Geburtsdatum, Anschrift des Arbeitnehmers, Besteuerungsmerkmale von der Lohnsteuerkarte, amtlicher Schlüssel der Gemeinde, Bezeichnung und Nummer des Finanzamtes sowie Steuernummer des Arbeitgebers,
- Dauer des Dienstverhältnisses während des Kalenderjahres,
- Art und Höhe des gezahlten Arbeitslohns,
- einbehaltene Lohnsteuer, Solidaritätszuschlag und Kirchensteuer,
- Kurzarbeitergeld, Schlechtwettergeld, Winterausfallgeld, Zuschuss zum Mutterschaftsgeld nach dem MuSchG, Entschädigungen für Verdienstausfall nach dem Infektionsschutzgesetz sowie steuerfreie Aufstockungsbeträge oder Zuschläge nach dem Altersteilzeitgesetz,
- auf die Entfernungspauschale anzurechnende steuerfreie bzw. pauschal besteuerte Arbeitgeberleistungen für Fahrten zwischen Wohnung und Arbeit,
- steuerfrei gezahlte Verpflegungszuschüsse und Vergütungen bei doppelter Haushaltsführung, steuerfrei gezahlte Zuschüsse zur freiwilligen Kranken- und Pflegeversicherung sowie den
- Arbeitnehmeranteil am Gesamtsozialversicherungsbeitrag.

Dies hat spätestens bis zum 28. Februar des Folgejahres zu erfolgen.

Der Arbeitgeber hat dem Arbeitnehmer die Lohnsteuerkarte auszuhändigen, wenn das Dienstverhältnis vor Ablauf des Kalenderjahres beendet wird. Nach Ablauf des Kalenderjahres darf dies nur in Verbindung einer Lohnsteuerbescheinigung (Ausdruck der elektronischen Lohnsteuerbescheinigung mit Angabe des lohnsteuerlichen Ordnungsmerkmals) erfolgen und wenn der Arbeitnehmer zur Einkommensteuer veranlagt wird. In den übrigen Fällen ist die Lohnsteuerkarte mit Lohnsteuerbescheinigung dem Betriebsstättenfinanzamt einzureichen bzw. elektronisch zu übermitteln.

„Die Jahreslohnsteuer wird nach dem Jahresarbeitslohn so bemessen, dass sie der Einkommensteuer entspricht, die der Arbeitnehmer schuldet, wenn er ausschließlich Einkünfte aus nichtselbstständiger Arbeit erzielt" (§ 38a Abs.2 EStG). Die Jahreslohnsteuer kann von der Lohnsteuer abweichen, die im Laufe des Jahres tatsächlich einbehalten worden ist, z.B. wenn die Monatslöhne bzw. Gehälter nicht während des ganzen Jahres die gleiche Höhe haben, oder bei Zeiten der Arbeitslosigkeit.

Um eine Gleichmäßigkeit der Besteuerung zu erreichen, gibt es den betrieblichen **Lohnsteuer-Jahresausgleich**.

Lohnsteuer-Jahresausgleich

Bei weniger als zehn Arbeitnehmern ist der Arbeitgeber berechtigt, ab zehn Arbeitnehmern ist er verpflichtet, einen betrieblichen Lohnsteuer-Jahresausgleich für die unbeschränkt einkommensteuerpflichtigen Arbeitnehmer, die während des abgelaufenen Kalenderjahres (Ausgleichsjahr) ständig in einem Dienstverhältnis gestanden haben, durchzuführen (§ 42b Abs.1 EStG).

Für den Lohnsteuer-Jahresausgleich hat der Arbeitgeber den Jahresarbeitslohn, abzüglich Versorgungs-Freibetrag und Altersentlastungsbetrag, aus dem Dienstverhältnis und nach den Lohnsteuerbescheinigungen aus etwaigen vorangegangenen Dienstverhältnissen festzustellen (§ 42b Abs.2 EStG).
Übersteigt die einbehaltene Lohnsteuer für das Ausgleichsjahr die auf den Jahresarbeitslohn entfallende Jahreslohnsteuer, erfolgt eine Erstattung des Unterschiedsbetrages.

Im Lohnsteuer-Jahresausgleich darf es nicht – im Gegensatz zur Einkommensteuerveranlagung – von Seiten des Finanzamtes zu einer Steuernachforderung kommen.

Ist kein betrieblicher Lohnsteuer-Jahresausgleich durchgeführt worden oder konnten nicht alle steuermindernden Tatbestände berücksichtigt werden, so ist auf Antrag (Einkommensteuererklärung) des Steuerpflichtigen (Arbeitnehmer) ein amtlicher Lohnsteuer-Jahresausgleich durch das Finanzamt vorzunehmen.

5.2.3 Pauschalierung der Lohnsteuer

Pauschalierung der Lohnsteuer in besonderen Fällen

Unter bestimmten Voraussetzungen kann auf Antrag des Arbeitgebers vom Betriebsstättenfinanzamt zugelassen werden, dass die Lohnsteuer mit einem zu ermittelnden **Pauschsteuersatz** erhoben wird, soweit

- von dem Arbeitgeber sonstige Bezüge in einer größeren Anzahl gewährt werden oder
- in einer größeren Anzahl Lohnsteuer nachzuerheben ist, weil der Arbeitgeber die Lohnsteuer nicht vorschriftsmäßig einbehalten hat (§ 40 Abs.1 EStG).

Abweichend von § 40 Abs.1 EStG kann der Arbeitgeber die Lohnsteuer mit einem Pauschsteuersatz von 25 % für z.B. Essenzuschüsse, Betriebsveranstaltungen, Erholungsbeihilfen, Übereignung von PC und Zuschüssen für die Internetnutzung erheben (§ 40 Abs.2 EStG).

Die Pauschalierung ist ausgeschlossen, wenn der Arbeitgeber einem Arbeitnehmer sonstige Bezüge von mehr als 1.000,00 € im Kalenderjahr gewährt (§ 40 Abs.1, Satz 3 EStG).

Der Arbeitgeber hat die **pauschale Lohnsteuer** zu übernehmen, d.h. er ist Steuerschuldner. Auf den Arbeitnehmer abgewälzte pauschale Lohnsteuer gilt als zugeflossener Arbeitslohn (§ 40 Abs.3 EStG).

Der pauschal besteuerte Arbeitslohn und die pauschale Lohnsteuer bleiben bei der Veranlagung zur Einkommensteuer und beim Lohnsteuer-Jahresausgleich ohne Berücksichtigung.

Der Arbeitgeber kann unter Verzicht auf die Vorlage der Lohnsteuerkarte bei Arbeitnehmern die Lohnsteuer mit einem Pauschsteuersatz erheben (§ 40a EStG).

Pauschalierung der Lohnsteuer für Teilzeitbeschäftigte und geringfügig Beschäftigte

Bei dem zu ermittelnden Pauschsteuersatz ergeben sich unterschiedliche Steuersätze:

- 25 % des Arbeitslohnes bei Arbeitnehmern, die nur kurzfristig beschäftigt werden, d.h., wenn der Arbeitnehmer (§ 40a Abs.1 EStG)
  - nur gelegentlich, nicht regelmäßig wiederkehrend beschäftigt wird;
  - die Dauer der Beschäftigung 18 zusammenhängende Arbeitstage nicht übersteigt;
  - die Entlohnung durchschnittlich je Arbeitstag nicht mehr als 62,00 € beträgt;
  - die Beschäftigung zu einem unvorhersehbaren Zeitpunkt sofort erforderlich wird.
- 20 % des Arbeitslohnes bei Arbeitnehmern, die nur in geringem Umfang und gegen geringen Arbeitslohn beschäftigt werden, d.h., wenn (§ 40a Abs.2a EStG)
  - die regelmäßige monatliche Entlohnung 400,00 € nicht übersteigt;
  - keine Entrichtung pauschaler Arbeitgeberbeiträge zur Sozialversicherung geleistet wird.
- 2 % einer einheitlichen Pauschsteuer (Lohnsteuer, Solidaritätszuschlag, Kirchensteuer) für das Arbeitsentgelt aus geringfügigen Beschäftigungen an die Bundesknappschaft, d.h., wenn (§ 40a Abs.2 EStG)
  - die regelmäßige monatliche Entlohnung 400,00 € nicht übersteigt;
  - ein pauschaler Sozialversicherungsbeitrag nach § 8 Abs.1 Nr.1 oder § 8a SGB IV durch den Arbeitgeber an die Bundesknappschaft gezahlt wird

unzulässige Pauschalierungen

Die Pauschalierungen (§ 40a Abs.1-3 EStG) bei Arbeitnehmern sind unzulässig, wenn der Arbeitslohn durchschnittlich je Arbeitsstunde 12,00 € übersteigt (§ 40a Abs.4 Nr.1 EStG).

Sonderzahlungen wie z.B. Weihnachts-, Urlaubsgeld und Einmalzahlungen sind auf die Zeiträume zu verteilen, für die sie gewährt werden (Abschnitt 128 Abs.4 LStR).

Praxisübungen

Die Lösungen finden Sie im Band „Steuerrecht – Übungen & Musterklausuren" dieser Fachbuchreihe.

Aufgabe 1

Die Firma Henkel & Blitz GmbH ist im November gegründet worden. Sie hat für die Monate November und Dezember insgesamt 750,00 € Lohnsteuer an das Finanzamt abgeführt.

- Muss die Firma auch für den Monat Januar des folgenden Jahres eine Lohnsteuer-Anmeldung abgeben, obwohl sie nur 50,00 € Lohnsteuer einbehalten hat?
  Nehmen Sie unter Angabe der gesetzlichen Vorschrift Stellung.

....

....

....

Aufgabe 2

- Entscheiden Sie für die folgenden Fälle, ob der Vorgang der Lohnsteuer unterliegt.

a) Herr Henkel schenkt seiner langjährigen Schreibkraft zu deren 60. Geburtstag einen Bildband, den er in der Buchhandlung für 27,00 € erworben hat.

....

....

....

b) Eine Raumpflegerin erhält 750,00 € geschenkt, da sie durch ihre besondere Aufmerksamkeit einen Einbruch verhindert hat.

....

....

....

Aufgabe 3

Herr Schwalm hat seinem Arbeitgeber noch keine Lohnsteuerkarte vorgelegt. Lediglich mündlich hat er sein ab Januar geänderten Familienverhältnisse dem Arbeitgeber bekannt gegeben.
Bei der Lohnabrechnung Januar werden nun die Eintragungen auf der Lohnsteuerkarte für das vergangene Kalenderjahr zugrunde gelegt.

- Herr Schwalm beschwert sich bei seinem Arbeitgeber – ist er im Recht? Beziehen Sie bitte Stellung.

....

....

....

6

Gewerbesteuer

Der Gewerbesteuer unterliegt jeder im Inland betriebene Gewerbebetrieb; durch sie soll die wirtschaftliche Leistungsfähigkeit eines Betriebes besteuert werden.

In diesem Kapitel erhalten Sie Kenntnisse über die Gewerbesteuer; insbesondere die Einrichtung und Abrechnung der Gewerbesteuer-Vorauszahlung sowie die Fertigung einer Gewerbesteuer Rückstellung.

Inhalt

6.1 Begriff und allgemeine Charakterisierung

Gewerbebetrieb (§ 15 Abs.2 EStG)

Der **Gewerbesteuer** unterliegt jeder im Inland betriebene Gewerbebetrieb. Unter **Gewerbebetrieb** ist ein gewerbliches Unternehmen zu verstehen, das *„eine selbstständige nachhaltige Betätigung, die mit der Absicht, Gewinn zu erzielen, unternommen wird und sich als Beteiligung am allgemeinen wirtschaftlichen Verkehr darstellt, (...) wenn die Betätigung weder als Ausübung von Land und Forstwirtschaft noch als Ausübung eines freien Berufs noch als eine andere selbstständige Arbeit anzusehen ist."* (§ 15 Abs.2 EStG)

Tatbestandsmerkmale

Zum Gewerbebetrieb im Sinne des Einkommensteuergesetzes gehören also vier positive Tatbestandsmerkmale:

- **Selbstständigkeit**; die persönliche Selbstständigkeit ist gegeben, wenn ein Unternehmer seine Tätigkeit auf eigene Rechnung und in eigener Verantwortung ausübt. Die sachliche Selbstständigkeit liegt vor, wenn ein Unternehmen unabhängig von anderen Unternehmen eine wirtschaftliche Gesamtheit bildet.
- **Nachhaltigkeit**; sie erfordert, dass die während eines bestimmten Zeitraums ausgeführte Tätigkeit mit der Absicht der Wiederholung ausgeübt wird.
- **Gewinnerzielungsabsicht**; diese bedeutet, dass eine Mehrung des Betriebsvermögens anzustreben ist; dabei kommt es nicht darauf an, ob tatsächlich ein Gewinn erwirtschaftet worden ist.
- **Beteiligung am allgemeinen Wirtschaftsverkehr**; dies erfordert nach Auffassung des Bundesfinanzhofs, *„dass die Tätigkeit des Steuerpflichtigen nach außen hin in Erscheinung tritt, er sich mit ihr an eine – wenn auch begrenzte – Allgemeinheit wendet und damit seinen Willen zu erkennen gibt, ein Gewerbe zu betreiben."* (H 15.4 EStR)

Einkünfte aus Gewerbebetrieb

Während § 15 Abs.2, 3 EStG bestimmt, was als Gewerbebetrieb gilt, ergibt sich aus den §§ 15 Abs.1, 16, 17 EStG, welche Einkünfte als Einkünfte aus Gewerbebetrieb zu bestimmen sind:

- **Einkünfte aus gewerblichen (Einzel-)Unternehmen**; hier werden alle Einkünfte eines Einzelunternehmers aus seiner jetzigen oder einer früheren gewerblichen Tätigkeit erfasst (§ 15 Abs.1 Nr.1 EStG).
- **Einkünfte aus gewerblichen Mitunternehmerschaften**; neben dem Vorliegen eines Gewerbebetriebes ist bei Personengesellschaften eine weitere Voraussetzung, dass die Gesellschafter bzw. Gemeinschafter als Mitunternehmer anzusehen sind (§ 15 Abs.1 Nr.2 EStG).
- **Einkünfte der persönlich haftenden Gesellschafter einer KGaA**; zu den Einkünften aus Gewerbebetrieb eines Komplementärs einer KGaA zählen sein Anteil am Gewinn, soweit er keine Einlage auf das Grundkapital darstellt, und Vergütungen für die Geschäftsführung (§ 15 Abs.1 Nr.3 EStG).
- **Gewinne aus der Veräußerung oder Aufgabe eines Gewerbebetriebes**; eines Teil- oder Gesamtbetriebes, einer Veräußerung privater Anteile oder von Anteilen an einer gewerblichen Mitunternehmerschaft (§ 16 Abs.1 EStG).
- **Gewinne aus der Veräußerung von Anteilen an Kapitalgesellschaften**; bei wesentlicher Beteiligung, denn wesentliche Beteiligungen an Kapitalgesellschaften gehören oft nicht zum Betriebsvermögen, sondern zum Privatvermögen eines Gesellschafters (§ 17 Abs.1 EStG).

Der Gewerbesteuer unterliegt jeder inländisch betriebene (stehende) Gewerbebetrieb (§ 2 Abs.1 GewStG). Die Gewerbesteuer ist eine

Gewerbesteuer = Realsteuer und Gemeindesteuer

- **Realsteuer** (Sach- oder Objektsteuer), sie ist dadurch gekennzeichnet, dass sie bestimmte Objekte (Gewerbebetriebe) ohne Rücksicht auf persönliche Verhältnisse (Familienstand, Einkommen, Vermögen), d.h. wem die Erträge aus diesen Objekten zufließen oder wer Eigentümer der Objekte ist, belastet.

- **Gemeindesteuer**, d.h. die Gemeinden sind verpflichtet eine Gewerbesteuer zu erheben (§ 1 GewStG-Vorschriften des bundeseinheitlichen Gewerbesteuergesetzes).

Das Gewerbesteueraufkommen steht grundsätzlich den Gemeinden zu, Bund und Länder können aber durch eine Gewerbesteuerumlage beteiligt werden.

Hebesätze

Art.106 Abs.6 GG fordert, dass den Gemeinden das Recht einzuräumen ist, die Hebesätze (limitierter Prozentsatz) für die Gewerbesteuer im Rahmen der Gesetze selbst zu bestimmen. Dadurch entscheiden die Gemeinden über die endgültige Höhe der Gewerbesteuer. Ab dem Veranlagungszeitraum 2004 wird ein Mindesthebesatz von 200 % vorgeschrieben (§ 16 Abs. 4 GewStG). Dadurch sollen „Steueroasen" verhindert werden, deren Hebesatz bis 0 % betrug.

Die Gewerbebetriebe unterliegen der Gewerbesteuer in der Gemeinde, in der die Ausübung vorgenommen wird (§ 4 Abs.1 Satz-1 GewStG). Bestehen mehrere Betriebsstätten desselben Gewerbes in mehreren Gemeinden oder erstreckt sich eine Betriebsstätte über mehrere Gemeinden, so erfolgt eine Aufteilung nach dem Teil des Steuermessbetrages, der auf sie entfällt (§ 4 Abs.1 Satz-2 GewStG).

Steuerschuldner der Gewerbesteuer: der Unternehmer

Steuerschuldner der Gewerbesteuer ist der Unternehmer, also stets eine natürliche oder juristische Person und nicht die besteuerte Sache selbst. *„Als Unternehmer gilt der, für dessen Rechnung das Gewerbe betrieben wird."* (§ 5 Abs.1 Satz 2 GewStG)
Dies können sein:

- ein einzelner Gewerbetreibender,
- eine Personengesellschaft, sofern diese einen Gewerbebetrieb besitzt,
- die Mitglieder einer Europäischen wirtschaftlichen Interessenvereinigung,
- Kapitalgesellschaften und andere juristische Personen.

Steuerobjekt der Gewerbesteuer: der Gewerbebetrieb

Steuerobjekt der Gewerbesteuer ist der Gewerbebetrieb; durch sie soll die wirtschaftliche Leistungsfähigkeit eines Betriebes besteuert werden.

Arten des Gewerbebetriebes

Das Gewerbesteuergesetz unterscheidet drei Arten des Gewerbebetriebes (§ 2 GewStG):

- **kraft gewerblicher Betätigung**, das betrifft jedes inländische Unternehmen mit den genannten Eigenschaften im Sinne des EStG (§ 2 Abs.1 GewStG);
- **kraft Rechtsform**, das gilt in vollem Umfang für die Tätigkeit der Kapitalgesellschaften (§ 2 Abs.2 GewStG);
- **kraft wirtschaftlichen Geschäftsbetriebes**, dazu zählen sonstige juristische Personen des privaten Rechts und der nicht rechtsfähigen Vereine, soweit sie einen wirtschaftlichen Geschäftsbetrieb – ausgenommen Land- und Forstwirtschaft – unterhalten (§ 2 Abs.3 GewStG).

Besteuerungsgrundlage

Besteuerungsgrundlage (§ 6 GewStG) für die Gewerbesteuer ist der **Gewerbeertrag**, d.h. der korrigierte einkommen- oder körperschaftsteuerpflichtige Gewinn.

Bemessungsgrundlage

Bemessungsgrundlage hierfür ist der **Gewerbesteuermessbetrag** (§ 11 GewStG). Der Steuermessbetrag ergibt sich durch Anwendung der Steuermesszahl (§ 11 GewStG) auf den maßgebenden Gewerbeertrag (§ 10 GewStG) nach Kürzung um den entsprechenden Freibetrag.

6.2 Berechnung des Gewerbeertrags

6.2.1 Begriff, Hinzurechnungen und Kürzungen

Begriff

Gewerbesteuergesetz

Der Begriff Gewerbeertrag wird im **Gewerbesteuergesetz** nicht definiert; es bestehen lediglich Vorschriften zur Ermittlung des Gewerbeertrags.

Gewerbeertrag (§ 7 GewStG)

„Gewerbeertrag ist der nach den Vorschriften des Einkommensteuergesetzes oder des Körperschaftsteuergesetzes zu ermittelnde Gewinn aus dem Gewerbebetrieb, der bei der Ermittlung des Einkommens für den dem Erhebungszeitraum (...) entsprechenden Veranlagungszeitraum zu berücksichtigen ist, vermehrt und vermindert um die in den §§ 8 und 9 bezeichneten Beträge." (§ 7 GewStG)

Gewerbeertrag = Gewinn aus Gewerbebetrieb

Der Gewerbeertrag ist also nicht identisch mit dem Gewinn aus Gewerbebetrieb, d.h. die Gewerbesteuer will nicht den Gewinn, der dem Unternehmer oder Mitunternehmer zugeflossen ist, besteuern, sondern den vom Betrieb in der Periode tatsächlich erzielten Ertrag.

Folglich müssen persönlich bedingt abgesetzte Betriebsausgaben, die bei der Ermittlung des Gewinns aus Gewerbebetrieb berücksichtigt wurden, d.h. die bei der Einkommen- bzw. Körperschaftsteuer als Personensteuer abzugsfähig sind, bei der Ermittlung des Gewerbeertrags wieder hinzugerechnet werden (z.B. Schuld-, Miet- und Pachtzinsen).

Gewinngrößen

Grundlage für die Ermittlung des Gewerbeertrags sind folgende Gewinngrößen:

- bei gewerblichen Einzelunternehmen der Gewinn aus Gewerbebetrieb (§ 15 GewStG),
- bei Personengesellschaften die Summe der gewerblichen Einkünfte der Gesellschafter,
- bei Kapitalgesellschaften und anderen gewerblichen Körperschaften das körperschaftssteuerliche Einkommen vor Verlustabzug.

Bei der Ermittlung des Gewinns als Grundlage des Gewerbeertrags sind – außer bei Kapitalgesellschaften – vorweggenommene Betriebsausgaben und Gewinne oder Verluste aus der Veräußerung oder Aufgabe des Gewerbebetriebes nicht zu berücksichtigen.

Hinzurechnungen

maßgebender Gewerbeertrag

Der **maßgebende Gewerbeertrag** ergibt sich nach Hinzurechnungen und Kürzungen, die dem Objektcharakter der Steuer Rechnung tragen sollen. Wirtschaftliche Ursache hierfür ist, dass die Gewerbesteuer nur die im Erhebungszeitraum tatsächlichen erwirtschafteten Leistungen besteuern soll. Dieser Tatbestand wird durch den Gewinn allein nicht ausreichend berücksichtigt.

Hinzurechnungen, soweit als Betriebsausgaben abzugsfähig

Folgende Beträge werden u.a. dem Gewinn aus Gewerbebetrieb wieder hinzugerechnet, soweit diese bei der Ermittlung als Betriebsausgaben abzugsfähig waren (§ 8 Nr. 1a-f GewStG):

- ein Vierel der Summe aus **Schulden** (§ 8 Nr. 1a GewStG) und
- **Renten und dauernde Lasten**, die wirtschaftlich mit dem Betrieb zusammenhängen (§ 8 Nr. 1b GewStG);

- **Gewinnanteile des stillen Gesellschafters** (§ 8 Nr. 1c GewStG);
- 20 % bzw. 1/5 der **Miet- und Pachtzinsen** für die Benutzung der Wirtschaftsgüter des Anlagevermögens (§ 8 Nr. 1d und e GewStG) und 50 % bzw. 1/2 der Miet- und Pachtzinsen (einschl. Leasingraten) für die Benutzung der nicht beweglichen Wirtschaftsgüter des Anlagevermögens (insbesondere Grundstücke) (§ 8 Nr. 1f GewStG);
- **Anteile am Verlust einer in- oder ausländischen Mitunternehmerschaft** (§ 8 Nr. 8 GewStG);
- **Spenden**, die Ausgaben im Sinne des § 9 Abs.1 Nr. 2 des Körperschaftsteuergesetzes sind (§ 8 Nr. 9 GewStG).

Die Hinzurechnungen sollen den Gewinn „objektivieren": wie sähe der Gewinn aus, wenn nicht mit Fremdkapital gearbeitet würde?

Kürzungen

Die Summe des Gewinns aus Gewerbebetrieb und der Hinzurechnungen werden u.a. um folgende Beträge gekürzt, um zu verhindern, dass Erträge, die bereits der Besteuerung unterworfen worden sind, noch einmal von der Gewerbesteuer erfasst werden (§ 9 GewStG):

Kürzungen der Erträge, die bereits der Besteuerung unterworfen wurden

- 1,2 % des um 40 % erhöhten (§ 121a BewG) **Einheitswerts** des zum Betriebsvermögen gehörenden nicht grundsteuerbefreiten Grundbesitzes, da das Grundvermögen bereits von der Grundsteuer erfasst wird (§ 9 Nr.1 Satz 1 GewStG);
- **Gewinnanteile an einer in- oder ausländischen Personengesellschaft** (OHG, KG) oder einer anderen Gesellschaft, bei der die Gesellschafter als (Mit-) Unternehmer anzusehen sind (§ 9 Nr.2 GewStG);
- **Gewinnanteile an inländischen Kapitalgesellschaften**, sofern die Beteiligung mindestens 15 % des Grund- oder Stammkapitals der Beteiligungsunternehmung beträgt (§ 9 Nr.2a GewStG);
- **Gewinne aus ausländischen Betriebsstätten** (§ 9 Nr.3 GewStG).

Der maßgebende Gewerbeertrag wird nun um den Gewerbeverlust (§ 10a GewStG), d.h. um den negativen Gewerbeertrag, der sich für vergangene Erhebungszeiträume ergeben hat, gekürzt.

Der Gewerbeverlust kann auf die folgenden Jahre vorgetragen werden, ein Verlustrücktrag ist dagegen nicht möglich.

6.2.2 Steuermesszahl und Steuermessbetrag

Die Gewerbeertragsteuer ist keine selbstständige Steuer, sondern ist Bestandteil der Gewerbesteuer.

Bei der Berechnung der Gewerbesteuer ist von einem Steuermessbetrag auszugehen, dieser ist durch Anwendung der 3,5 % Steuermesszahl auf den Gewerbeertrag zu ermitteln.

Steuermessbetrag
Steuermesszahl

Freibetrag

Der Gewerbeertrag ist auf volle 100,00 € nach unten abzurunden und um einen Freibetrag

- bei natürlichen Personen sowie bei Personengesellschaften von 24.500,00 €
- bei bestimmten juristischen Personen des öffentlichen Rechts von 5.000,00 €

zu kürzen, höchstens jedoch in Höhe des abgerundeten Gewerbeertrags (§ 11 Abs.1 GewStG).

Multipliziert man den verbleibenden Betrag mit der entsprechenden Steuermesszahl, gelangt man zum Steuermessbetrag.

Steuermesszahl

Die Steuermesszahl beträgt gemäß § 11 Abs.2 GewStG 3,5 %.

Die folgende Übersicht soll noch einmal die Vorgehensweise bei der Berechnung des Steuermessbetrages zeigen:

Vorgehensweise bei der Berechnung des Steuermessbetrages

Ausgangsgröße: Einkommen- oder körperschaftsteuerpflichtiger Gewinn aus Gewerbebetrieb (§ 7 GewStG)

+ Hinzurechnungen nach § 8 GewStG
– Kürzungen nach § 9 GewStG

= Gewerbeertrag vor Verlustabzug
– vorgetragener Verlustabzug vorangegangener Erhebungszeiträume (§ 10a GewStG)

= maßgebender Gewerbeertrag abgerundet auf volle EUR 100
– Freibetrag (§ 11 Abs. 1 GewStG)

= verbleibender Betrag × Steuermesszahl (§ 11 Abs.2 GewStG)

= Steuermessbetrag (nach dem Gewerbeertrag)

Ermittlung der Finanzierungsaufwendungen ab 2008

Finanzierungsaufwendungen, die dem Gewinn hinzugerechnet werden müssen gem. § 8 Nr. 1a-f GewStG:

100 % Zinsen
+ 100 % Renten und dauernde Lasten
+ 100 % Gewinnanteile des typisch stillen Gesellschafters
+ 50 % Mieten, Pachten, Leasingraten von Immobilien
+ 20 % Mieten, Pachten, Leasingraten von beweglichen Wirtschaftsgütern
+ 25 % Lizenzen, Konzessionen

= Summe Finanzierungsaufwendungen
– 100.000,00 € Freibetrag

= Finanzierungsaufwendungen nach Freibetrag
x 25 %

= Hinzurechnung zum Gewinn aus Gewerbebetrieb

Beispiel 6.1
Ermittlung des Steuermessbetrages

Aus den Unterlagen der METROPA OHG ergeben sich für das Wirtschaftsjahr die folgenden Sachverhalte:

Gewinn aus Gewerbebetrieb	560.000,00 €
Schuldzinsen	105.000,00 €
Gewinnanteil eines stillen Gesellschafters	22.000,00 €
Verlustanteil an einer anderen OHG (Mitunternehmer)	12.000,00 €
Gewinnanteil an einer KG (Mitunternehmer)	13.500,00 €
Einheitswert der Betriebsgrundstücke	22.800,00 €
Miete für einen Leihwagen (u. a. bewegl. Wirtschaftsgüter)	42.000,00 €

Lösung:
Der Steuermessbetrag berechnet sich folgendermaßen:

	Gewinn aus Gewerbebetrieb		560.000,00 €
+	**Hinzurechnungen**		20.850,00 €
	Finanzierungsaufwendungen § 8 Nr. 1a-f GewStG (siehe Nebenrechnung)	8.850,00 €	
	Verlustanteil aus OHG § 8 Nr. 8 GewStG	12.000,00 €	
–	**Kürzungen**		13.883,00 €
	1,2 % des Einheitswerts (22.800,00 € × 1,4)	383,00 €	
	Gewinnanteil KG	13.500,00 €	
=	**maßgebender Gewerbeertrag**		566.967,00 €
	abgerundet auf volle 100,00 €		566.900,00 €
–	**Freibetrag**		24.500,00 €
=	**verbleibender Betrag**		542.400,00 €
=	**Steuermessbetrag** 3,5 % auf 542.400,00 €		18.984,00 €

Nebenrechnung: Ermittlung der Finanzierungsaufwendungen:

	100 % Zinsen:	105.000,00 €
+	100 % Gewinnanteile des typisch stillen Gesellschafters:	22.000,00 €
+	20 % Mieten/Leasingraten für bewegliche Wirtschaftsgüter:	8.400,00 €
=	Summe Finanzierungsaufwendungen:	135.400,00 €
-	Freibetrag:	100.000,00 €
=	verbleiben	35.400,00 €
	davon sind 25 % anzusetzen:	**8.850,00 €**

6.3 Gewerbesteuerschuld

6.3.1 Berechnung der Gewerbesteuerschuld

Gewerbesteuerschuld

Die **Gewerbesteuerschuld** wird aufgrund des Steuermessbetrags mit einem prozentualen Hebesatz (§ 16 Abs.1 GewStG) der Gemeinde für den Erhebungszeitraum (Kalenderjahr/e) festgesetzt und erhoben.

Der Hebesatz muss für alle in der (hebeberechtigten) Gemeinde vorhandenen Unternehmen gleich sein. Im Gegensatz zum Gewerbesteuer-Messbescheid, der vom jeweiligen Betriebsfinanzamt (§ 22 Abs.1 AO) erteilt wird, wird der Gewerbesteuerbescheid von der Gemeinde erteilt (§ 184 Abs.3 AO).

Übersicht zur Ermittlung der Gewerbesteuerschuld

Übersicht zur Ermittlung der Gewerbesteuerschuld:

Steuermessbetrag (§ 11 GewStG)
× Hebesatz der Gemeinde (§ 16 Abs.1 GewStG)
....
= Gewerbesteuerschuld

Beispiel 6.2
Ermittlung der Gewerbesteuerschuld

Für die METROPA OHG – Berlin – ergebe sich folgende Gewerbesteuerschuld:

Steuermessbetrag 18.984,00 €
× 470 % Hebesatz der Gemeinde
= Gewerbesteuerschuld 89.224,00 €

Für einen Unternehmer ist im Rahmen der Kalkulation wichtig zu wissen, dass für den Gewinn aus einem abgewickelten Geschäft Gewerbesteuer zu entrichten ist. Hier spielt die Höhe des Hebesatzes der Gemeinde eine beträchtliche Rolle. Es ist deshalb für einen Unternehmer unerlässlich, im Rahmen der Preisgestaltung bzw. des kalkulierten Gewinns die Gewerbesteuer zu berücksichtigen.

6.3.2 Berechnung der Gewerbesteuerrückstellung

Gewerbesteuer = abzugsfähige Betriebsausgabe

Die Gewerbesteuer vermindert den einkommen- oder körperschaftsteuerpflichtigen Gewinn, da sie bei der Gewinnermittlung eine abzugsfähige Betriebsausgabe darstellt.

Da dieser Gewinn aber wiederum die Grundlage zur Berechnung des Gewerbeertrags bildet, ist der Gewerbeertrag erst zu berechnen, nachdem die Gewerbesteuer vom Gewinn abgezogen worden ist. Die Gewerbeertragsteuer ist aber ihrerseits durch die Höhe des Gewerbeertrages bestimmt. Eine genaue Berechnung der Gewerbesteuer ist daher nur mit Hilfe mathematischer Formeln möglich.

Fünf-Sechstel-Methode

Um zu einer Vereinfachung dieser komplizierten Berechnung der genauen Gewerbesteuerschuld zu gelangen, kann *„zur Errechnung der Rückstellung (...) die Gewerbesteuer mit schätzungsweise fünf Sechsteln des Betrags der Gewerbesteuer angesetzt werden, der sich ohne Berücksichtigung der Gewerbesteuer als Betriebsausgabe ergeben würde."* (R 20 Abs.2 EStR)

Das Einkommensteuerrecht schreibt weiter vor, dass bei der Gewerbesteuer entsprechend den **Grundsätzen ordnungsmäßiger Buchführung** (GoB) nicht nur für eine sich ergebende Abschlusszahlung eine Rückstellung in die Schlussbilanz einzusetzen ist, sondern es sind auch die rückständigen Vorauszahlungen als Schuld in der Schlussbilanz zu berücksichtigen.

Grundsätze ordnungsmäßiger Buchführung

Denn gemäß § 19 Abs.1 GewStG hat der Steuerschuldner am 15. Februar, 15. Mai, 15. August und 15. November **Vorauszahlungen** zu entrichten, wobei die für einen Erhebungszeitraum entrichteten Vorauszahlungen auf die Steuerschuld für diesen Erhebungszeitraum angerechnet werden. Jede Vorauszahlung beträgt grundsätzlich ein Viertel der Steuer, die sich bei der letzten Veranlagung ergeben hat (§ 19 Abs.2 GewStG).

Vorauszahlungen

Die Gemeinde kann auch die Vorauszahlungen der Steuer anpassen, die sich für den Zeitraum voraussichtlich ergeben wird (§ 19 Abs.3 GewStG).

Eine Abschlusszahlung, d.h., wenn die Steuerschuld größer als die Summe der anzurechnenden Vorauszahlungen ist, ist sofort innerhalb eines Monats nach Bekanntgabe des Steuerbescheids zu entrichten (§ 20 Abs.2 GewStG). Übersteigen die anzurechnenden Vorauszahlungen die Steuerschuld, erfolgt eine Aufrechnung oder Zurückzahlung.

vereinfachtes Schema zur Berechnung der Gewerbesteuerrückstellung

vereinfachtes Schema zur Berechnung der Gewerbesteuerrückstellung bzw. Gewerbesteuer-Erstattungsanspruchs:

	vorläufiger Gewinn aus Gewerbebetrieb/ Gewinn vor Rückstellung (§ 7 GewStG)
+	GewSt-Vorauszahlungen (§ 19 GewStG)
+	Hinzurechnungen (Schuldzinsen) (§ 8 GewStG)
–	Kürzungen (§ 9 GewStG)
=	berichtigter Gewinn abgerundet auf volle EUR 100
–	Freibetrag (§ 11 Abs.1 GewStG)
=	vorläufiger Gewerbeertrag
×	Steuermesszahl (§ 11 Abs.2 GewStG)
=	Steuermessbetrag (vorläufiger)

	(vorläufiger) GewSt-Messbetrag (§ 14 GewStG)
×	Hebesatz der Gemeinde (§ 16 GewStG)
=	vorläufige Gewerbesteuerschuld
×	5/6 als Gewerbesteuer (R 20 Abs.2 EStR)
–	geleistete Vorauszahlungen (§ 20 GewStG)
=	GewSt-Rückstellung/Erstattungsanspruch

Beispiel 6.3
Ermittlung der Gewerbesteuerrückstellung bzw. des Gewerbesteuer-Erstattungsanspruchs

Die Unternehmung METROPA OHG, Berlin, weist für das Wirtschaftsjahr einen vorläufigen Gewinn aus Gewerbebetrieb in Höhe von 45.530,00 € aus. Gewerbesteuervorauszahlungen sind in Höhe von 2.500,00 € gewinnmindernd gebucht worden.
Hinzurechnungen und Kürzungen sind nicht vorzunehmen.
Die Gemeinde Berlin hat den Gewerbesteuerhebesatz auf 300 % festgesetzt.

Berechnen Sie die Gewerbesteuerrückstellung und ermitteln Sie den endgültigen Gewinn.

Lösung:

	vorläufiger Gewinn aus Gewerbebetrieb	45.530,00 €	
+	Gewerbesteuervorauszahlungen	2.500,00 €	
=	berichtigter Gewinn		48.030,00 €
	abgerundet auf volle 100,00 €		48.000,00 €
–	Freibetrag		24.500,00 €
=	vorläufiger Gewerbeertrag		23.500,00 €
=	Steuermessbetrag (3,5 % auf 23.500,00 €)		822,00 €
=	(vorläufiger) Gewerbesteuermessbetrag		822,00€
=	vorläufige Gewerbesteuerschuld (300 % auf 822,00 €)		2.466,00 €
	5/6 als Gewerbesteuer		2.055,00 €
–	geleistete Vorauszahlungen		2.500,00 €
=	Gewerbesteuer-Erstattungsanspruch		445,00 €

Es ergibt sich somit keine Gewerbesteuer-Rückstellung, sondern ein Gewerbesteuer-Erstattungsanspruch in Höhe von 445,00 €.

Der endgültige Gewinn beträgt danach:

	vorläufiger Gewinn	45.530,00 €
+	GewSt-Erstattungsanspruch als Forderung	445,00 €
=	endgültiger Gewinn	45.085,00 €

Hinweis: Seit 01.01.2008 sind die Gewerbesteuer und die darauf entfallenden Nebenleistungen gemäß § 4 Abs. 5b EStG keine Betriebsausgaben. Trotz dieses Abzugsverbots ist die handelsrechtlich zu passivierende Gewerbesteuerrückstellung aufgrund des Maßgeblichkeitsgrundsatzes, gemäß § 5 Abs. 1 S. 1 EStG auch in der Steuerbilanz auszuweisen. Allerdings sind die sich aus der Berücksichtigung der Gewerbesteuerrückstellung ergebenden Gewinnminderungen außerbilanziell wieder zu korrigieren.

Praxisübungen

Die Lösungen finden Sie im Band *„Steuerrecht – Übungen & Musterklausuren“* dieser Fachbuchreihe.

Aufgabe 1

◆ Unter Gewerbebetrieb versteht das Einkommensteuergesetz ein gewerbliches Unternehmen. Welche Merkmale muss hierbei ein gewerbliches Unternehmen aufweisen?

....

....

....

Aufgabe 2

◆ In welchen der folgenden Fälle liegt ein Gewerbebetrieb vor?

a) Eine AG betreibt in Braunschweig eine Hundezucht.

....

....

....

b) Frau Haber-Recht arbeitet als selbstständige Dozentin in Hamburg.

....

....

....

c) Der Eigentümer, Herr Walther, hat alle Wohnungen seines Sechsfamilienhauses vermietet.

....

....

....

d) Herr Karl, Angestellter einer Immobilienfirma, beschäftigt sich in seiner Freizeit mit der Vermittlung von Baugrundstücken.

....

....

....

Aufgabe 3

- Ermitteln Sie den Steuermessbetrag des Lebensmittelgroßhändlers Wurm.

Für das Wirtschaftsjahr ergibt sich aus den Unterlagen:

Gewinn aus Gewerbebetrieb	384.007,00 €
Einheitswert des Betriebsgrundstücks	27.500,00 €
betriebliche Schuldzinsen	180.000,00 €
Verlust an einer KG (Mitunternehmer)	22.500,00 €
Miet- und Leasingzahlungen für Kfz u.a. bewegliche Wirtschaftsgüter des AV	34.000,00 €
Gewinnanteil an einer KG (Mitunternehmerschaft)	3.500,00 €

....

....

....

....

7

Umsatzsteuer

Die Umsatzsteuer ist wirtschaftlich eine allgemeine Verbrauchsteuer, da sie nach dem Willen des Gesetzgebers im Verkaufspreis der umgesetzten Waren und Leistungen auf den Endverbraucher umgewälzt wird.

In diesem Kapitel erhalten Sie die Fertigkeit zur Beurteilung aller umsatzsteuerrechtlichen Tatbestände.

Inhalt

7.1 Begriff und allgemeine Charakterisierung

Die **Umsatzsteuer** ist seit dem 01.01.1968 eine **Allphasen-Netto-Umsatzsteuer mit Vorsteuerabzug**, d.h. sie erhöht nur die **Anschaffungskosten** des privaten Letztverbrauchers.

Umsatzsteuer: durchlaufender Posten

Für alle an der Erstellung des Endproduktes beteiligten Unternehmen ist die Umsatzsteuer i.d.R nur ein erfolgsneutraler **durchlaufender Posten**.

Es ist also bei gleichen Kosten ohne Auswirkung auf den Endverbraucherpreis, ob nur ein Unternehmen sämtliche **Produktionsstufen** eines Endproduktes abrechnet und nur einmal an einen Dritten als privaten Letztverbraucher verkauft oder die jeweiligen Zwischenprodukte durch diverse unabhängige Unternehmen bis zum Endprodukt verfeinert werden, das der letzte Unternehmer an Private verkauft.

Jedes der beteiligten Unternehmen verlangt zwar von seinem Abnehmer die Bezahlung der vollen Umsatzsteuer und muss diese in voller Höhe an das Finanzamt abführen, aber es erhält im Gegenzug auch die an den Lieferanten des Vorproduktes gezahlte Umsatzsteuer vom Finanzamt gegen gerechnet (Vorsteuer). Somit kann bei der **Preiskalkulation** die Umsatzsteuer außer Acht gelassen werden.

Mehrwert

Durch den Vorsteuerabzug wird erreicht, dass der Unternehmer letztlich nur den ‚**Mehrwert**' der von ihm geschaffenen Leistung an das Finanzamt abführen muss (Mehrwertsteuer).

Überwälzung auf die Nachfrager

Der Unternehmer ist zwar der Steuerschuldner, jedoch nicht Steuerdestinatar und somit auch nicht Steuerträger – soweit die **Überwälzung auf die Nachfrager** erfolgt, was wiederum von der jeweiligen Marktsituation abhängt.

Beispiel 7.1

Ein Computer-Großhändler bezieht einen Personal Computer von einer Herstellungsfirma zum

Nettoeinkaufspreis von:	2.250,00 € zzgl. USt.
und verkauft diesen an den Einzelhandel für netto:	2.575,00 € zzgl. USt.
Der Einzelhandel verkauft für netto den PC an den Kunden.	3.000,00 € zzgl. USt.

Ermittlung der Zahllast:
Die Übersicht soll die Ermittlung der Umsatzsteuer auf den einzelnen Wirtschaftsstufen zeigen:

	Hersteller (€)	**Großhandel** (€)	**Einzelhandel** (€)	
Nettoverkaufspreis + 19 % Umsatzsteuer	2.250,00 427,50	2.575,00 489,25	3.000 **570,00**	
= Bruttoverkaufspreis erhaltene Umsatzsteuer - gezahlte Umsatzsteuer	2.677,50 427,50 0,00	3.064,25 489,25 427,50	3.570,00 570,00 489,25	
= Zahllast	427,50	+ 61,75	+ 80.75	= 570

Die Umsatzsteuer ist rechtlich eine **Verkehrsteuer**, da sie insbesondere wirtschaftliche Aktionen besteuert, wie z.B. die Lieferung von Waren und Leistungen sowie auch den Eigenverbrauch des Einzelunternehmers.

Verkehrsteuer

Wirtschaftlich betrachtet ist sie aber eine allgemeine **Verbrauchsteuer**, da sie nach dem Willen des Gesetzgebers im Verkaufspreis der umgesetzten Waren und Leistungen auf den Letztverbraucher umgewälzt werden soll.

Verbrauchsteuer

Die Umsatzsteuer gehört also im Gegensatz zur Einkommensteuer (➔Personensteuer) und Gewerbesteuer (➔Realsteuer) zu den **indirekten Steuern**.

indirekte Steuer

Sie ist weiterhin eine **Gemeinschaftsteuer**, da das Steueraufkommen sowohl dem Bund als auch den Ländern zufließt

Gemeinschaftsteuer

7.2 Steuergegenstand und Tatbestandsmerkmale

7.2.1 Steuersubjekt

Steuersubjekt (**Steuerschuldner**) der Umsatzsteuer sind in den Fällen des Leistungsaustausches und der unentgeltlichen Warenabgaben im Regelfall

Steuerschuldner

- **Unternehmer** (§ 13a Abs.1 Nr.1 UStG), ausnahmsweise aber auch
- **private Personen**,
  - die im Inland ein neues Fahrzeug liefern, das bei der Lieferung in das übrige Gemeinschaftsgebiet gelangt (§ 2a UStG), oder
  - die zu Unrecht in einer Rechnung gesondert Umsatzsteuer ausweisen (§§ 13a Abs.1 Nr. 4, 14c Abs. 2 UStG).

Von großer praktischer Bedeutung sind insbesondere zwei Sonderfälle, die abweichend vom Grundsatz des § 13a UStG geregelt werden. Hier ist nicht der leistende Unternehmer, sondern der Leistungsempfänger Steuerschuldner, so dass man von einer **Steuerschuldumkehr** sprechen kann (§ 13b UStG):

Umkehr der Steuerschuldnerschaft: Leistungsempfänger als Steuerschuldner

- § 13b Abs.1 Nr.3 UStG: Umsätze, die unter das Grunderwerbsteuergesetz (GrEStG) fallen; das sind i.d.R Grundstücksveräußerungen, für deren Steuerpflicht nach § 9 UStG optiert wurde.
- § 13b Abs.1 Nr.4 UStG: Leistungen von Subunternehmern an Unternehmer des Bau- und Baunebengewerbes; darunter fallen Werkslieferungen oder sonstige Leistungen, die der Herstellung, Instandsetzung und -haltung, Änderung oder Beseitigung von Bauwerken dienen (ausgenommen Planungs- und Überwachungsleistungen).

Statt des leistenden Unternehmers muss also in diesen Fällen der Leistungsempfänger die Umsätze versteuern und diese in der USt.-Voranmeldung erfassen. Andererseits kann er aber auch die hieraus resultierende Umsatzsteuer als Vorsteuer geltend machen. Der leistende Unternehmer schuldet bei diesen Sonderfällen keine Umsatzsteuer und muss sie damit auch nicht in seiner USt.-Voranmeldung erfassen.

Da eine Voraussetzung für die Steuerpflicht ist, dass eine Lieferung oder sonstige Leistung von einem Unternehmer im Rahmen seines Unternehmens ausgeführt wird, werden vom Gesetzgeber die Begriffe **Unternehmer** und **Unternehmen** genau definiert:

Unternehmer und Unternehmen

„Unternehmer ist, wer eine gewerbliche oder berufliche Tätigkeit selbstständig ausübt. Das Unternehmen umfasst die gesamte gewerbliche oder berufliche Tätigkeit des Unternehmers. Gewerblich oder beruflich ist jede nachhaltige Tätigkeit zur Erzielung von Einnahmen, auch wenn die Absicht, Gewinn zu erzielen, fehlt oder eine Personenvereinigung nur gegenüber ihren Mitgliedern tätig wird.“ (§ 2 Abs.1 UStG)

Gewerbliche oder berufliche Tätigkeit des Unternehmers können auch Mieteinnahmen sein, die ein Unternehmer mit einem Mietshaus erzielt, das zu seinem Privatvermögen gehört.

umsatzsteuerrechtlicher Unternehmerbegriff

Der umsatzsteuerrechtliche Unternehmerbegriff ist somit weiter gefasst als der betriebswirtschaftliche. Vom betriebswirtschaftlichen Standpunkt aus kann der Unternehmer nur eine natürliche Person sein, umsatzsteuerrechtlich werden dagegen auch

- juristische Personen des privaten und öffentlichen Rechts (AG, GmbH, Genossenschaft, eingetragener Verein, Betriebe gewerblicher Art von Körperschaften des öffentlichen Rechts),
- Gesamthandgemeinschaften (OHG, KG),
- Stiftungen
- Kartelle

dem Unternehmerbegriff zugeordnet.

umsatzsteuerlicher Begriff der gewerblichen und beruflichen Tätigkeit

Auch geht der umsatzsteuerliche Begriff der ‚gewerblichen und beruflichen Tätigkeit‘ über den einkommensteuer- und gewerbesteuerlichen Begriff des Gewerbebetriebes hinaus:

- Selbstständigkeit; d.h. dem Selbstständigen kommt letztlich der Arbeitserfolg zugute und er trägt das Risiko möglicher Misserfolge. Eine natürliche Person kann sowohl selbstständige als auch unselbstständige Tätigkeiten nebeneinander ausführen.
- Nachhaltigkeit; nachhaltig ist eine Tätigkeit, wenn tatsächlich mehrere gleichartige Handlungen unter Ausnutzung derselben Gelegenheit oder desselben Dauerverhältnisses vorgenommen werden (BFH-Urteil 1979, BStBl. II, S. 530).
- In Zweifelsfällen ist entscheidend, ob der Anbieter sich an den allgemeinen Markt wendet, auf dem sich Verbraucher typischerweise eindecken.
- Gewinnerzielungsabsicht; ist nicht erforderlich, somit werden Einnahmen aus „Liebhaberei“ und auch bestimmte öffentliche Betriebe, deren Ziel nur die Kostendeckung ist, von der Umsatzsteuer erfasst.

7.2.2 Steuerobjekt

Das Umsatzsteuergesetz gibt keine allgemeine Definition des Umsatzsteuerbegriffs, es werden nur jene Voraussetzungen aufgezählt, die zur Erfüllung eines steuerbaren Umsatzes vorliegen müssen.

Folgendes Schaubild soll einen ersten groben Überblick über den steuerlichen Umsatzbegriff geben:

Überblick über den steuerlichen Umsatzbegriff

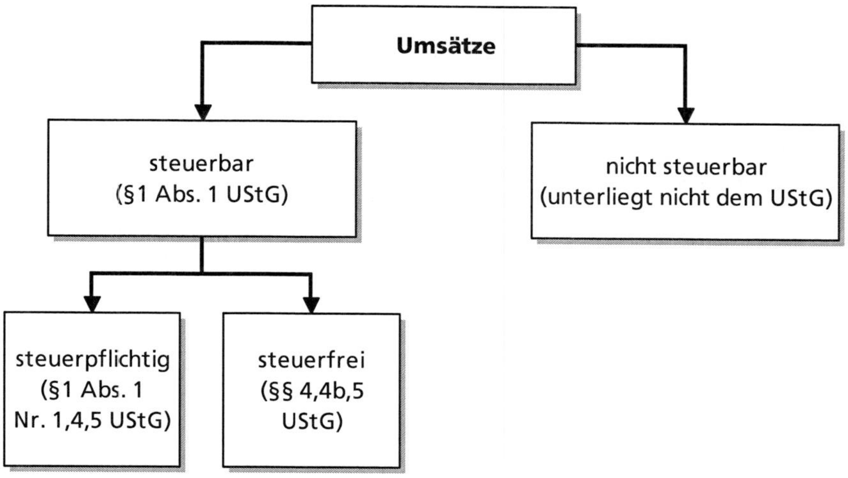

Steuerobjekte

Steuerobjekte der Umsatzsteuer sind folgende **steuerbare Umsätze** (§ 1 Abs.1 UStG) in Form von

- **Lieferungen und sonstigen Leistungen**, die ein Unternehmer im Inland gegen Entgelt im Rahmen seines Unternehmens ausführt (§ 1 Abs.1 Nr.1 UStG);
- **Einfuhr** von Gegenständen im Inland **→Einfuhrumsatzsteuer** (§ 1 Abs.1 Nr.4 UStG);
- **innergemeinschaftlichem Erwerb** im Inland gegen Entgelt (§ 1 Abs.1 Nr.5 UStG).

Hinweis: Die Umsätze im Rahmen einer **Geschäftsveräußerung** im Ganzen an einen anderen Unternehmer für dessen Unternehmen sind nicht steuerbar. (§ 1 Abs.1a UStG)

Inland

Inland im Sinne des Gesetzes *„ist das Gebiet der Bundesrepublik Deutschland mit Ausnahme des Gebiets Büsingen, der Insel Helgoland, (...), der Gewässer und Watten zwischen der Hoheitsgrenze (...)“* (§ 1 Abs.2 UStG) Wird ein Umsatz im Inland ausgeführt, ist somit unwichtig für die Besteuerung, ob der Unternehmer Deutscher, seinen Wohnsitz, Sitz oder seine Betriebsstätte im Inland unterhält, die Rechnung ausstellt oder die Zahlung erhält.

Ausland

Ausland *„ist das Gebiet, das danach nicht Inland ist“*. (§ 1 Abs.2 UStG)

Gemeinschaftsgebiet

Das **Gemeinschaftsgebiet** wird gebildet aus dem Inland und den Gebieten der übrigen Mitgliedstaaten der Europäischen Union, die nach dem Gemeinschaftsrecht als deren Inland gelten. Das übrige Gemeinschaftsgebiet bilden somit die Inlandsgebiete der anderen EU-Staaten.

Nach dieser Definition des Gemeinschaftsgebiets bleibt im wahrsten Sinne des Wortes der „Rest der Welt“; also alle Gebiete, die nicht Gemeinschaftsgebiet sind, bilden das **Drittlandsgebiet.** (§ 1 Abs.2a UStG)

Sowohl die Lieferungen als auch die sonstigen Leistungen werden dem Oberbegriff der Leistungen zugeordnet.

Leistungen

Leistung kann jedes Verhalten (Handeln, Dulden, Unterlassen) einer anderen Person gegenüber sein, das zum Gegenstand des Wirtschaftsverkehrs gemacht werden kann. Maßgeblich, d.h. Gegenstand der Besteuerung, ist immer das Erfüllungsgeschäft, also die tatsächlich realisierte Leistung.

Voraussetzung für eine umsatzsteuerbare Leistung ist ein Leistungsaustausch, d.h. bei einer Lieferung oder sonstigen Leistung muss die Gegenleistung eines Entgelts erfolgen. So sind z.B. eine Schenkung, eine Erbschaft oder eine Schadensersatzleistung keine umsatzsteuerbaren Leistungen.

Lieferungen

Lieferungen eines Unternehmers sind Leistungen, *„durch die er oder in seinem Auftrag ein Dritter den Abnehmer oder in dessen Auftrag einen Dritten befähigt, im eigenen Namen über einen Gegenstand zu verfügen (Verschaffung der Verfügungsmacht)."* (§ 3 Abs.1 UStG)

Verschaffung der Verfügungsmacht

Die Verfügungsbeschaffung kann z.B. erfolgen durch:

- Einigung und Übergabe (§ 929 BGB)
- Abtretung eines Herausgabeanspruchs (§ 931 BGB)
- Begründung eines Besitzmittlungsverhältnisses (§ 930 BGB)
- Übergabe eines Traditionspapiers; z.B. Orderladeschein (§ 447 BGB).

sonstige Leistungen

Sonstige Leistungen sind Leistungen, die keine Lieferungen sind, d.h. es sind Tätigkeiten, bei denen kein Gegenstand übertragen wird, wie z.B. Dienstleistungen, Vermietungen und Verpachtungen, Vermittlungen, Beförderungen, Übertragungen von Rechten, Darlehensgewährungen.

Hierzu gehört auch die Abgabe von **Speisen und Getränken**, die zum Verzehr an Ort und Stelle gedacht sind.

„Speisen und Getränke werden zum Verzehr an Ort und Stelle abgegeben, wenn sie nach den Umständen der Abgabe dazu bestimmt sind, an einem Ort verzehrt zu werden, der mit dem Abgabeort in einem räumlichen Zusammenhang steht, und besondere Vorrichtungen für den Verzehr an Ort und Stelle bereitgehalten werden." (§ 3 Abs.9 UStG)

Überblick der steuerbaren Leistungen:

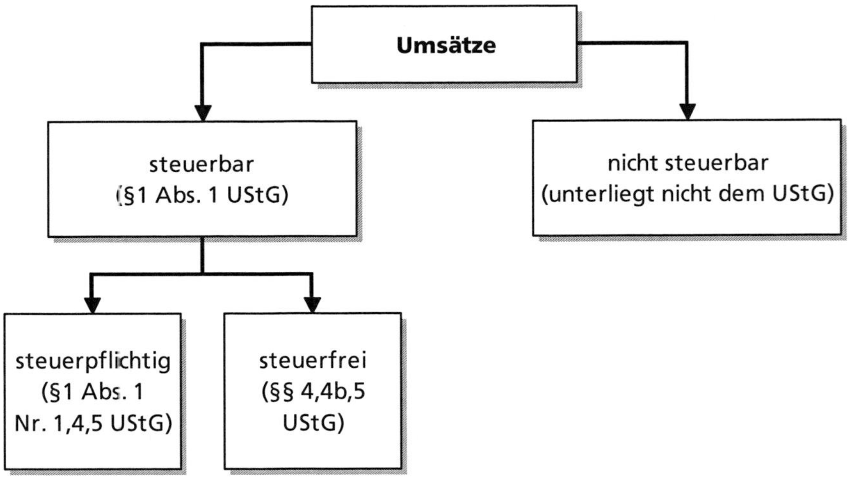

Ort der Lieferung

Ob eine Lieferung oder sonstige Leistung steuerbar im Inland oder nicht steuerbar im Ausland getätigt wurde, ist unter anderem abhängig vom Ort der Lieferung. Die Bestimmung des Lieferortes lässt sich von der Ermittlung des Lieferzeitpunktes, d.h. von der Entstehung der Steuerschuld, bei den Umsätzen nicht trennen.

„Wird der Gegenstand der Lieferung durch den Lieferer, den Abnehmer (...) befördert oder versendet, gilt die Lieferung dort als ausgeführt, wo die Beförderung oder Versendung an den Abnehmer (...) beginnt." (§ 3 Abs.6 UStG)

Beförderung

Wird ein Gegenstand der Lieferung an den Abnehmer oder in dessen Auftrag an einen Dritten vom Unternehmer befördert, so gilt die Lieferung mit Beginn der Beförderung als ausgeführt. Befördern ist jede Fortbewegung eines Gegenstandes.

Versendung

Bei einer **Versendung** des Gegenstandes beginnt die Lieferung mit der Übergabe des Gegenstandes an den Beauftragten. Liegt weder Beförderung noch Versendung vor, *„wird die Lieferung dort ausgeführt, wo sich der Gegenstand zurzeit der Verschaffung der Verfügungsmacht befindet."* (§ 3 Abs.7 UStG)

Ort der sonstigen Leistung

Eine sonstige Leistung *„wird (...) an dem Ort ausgeführt, von dem aus der Unternehmer sein Unternehmen betreibt. Wird die sonstige Leistung von einer Betriebsstätte ausgeführt, so gilt die Betriebsstätte als der Ort der sonstigen Leistung."* (§ 3a Abs.1 UStG) Ausnahmen hiervon regelt § 3a Abs.2 UStG.

private Zwecke

Da auch der Unternehmer Gegenstände und sonstige Leistungen seines Unternehmens für **private Zwecke**, die außerhalb des Unternehmens liegen, entnehmen kann (unentgeltliche Wertabgaben, „Eigenverbrauch"), werden diese Tatbestände im Umsatzsteuergesetz ab 01.04.1999 den Lieferungen und sonstigen Leistungen gegen Entgelt gleichgestellt.
Das gilt auch für den privaten Bedarf seines Personals, sofern keine Aufmerksamkeiten vorliegen.

Überblick der steuerbaren unentgeltlichen Leistungen

Überblick der steuerbaren unentgeltlichen Leistungen:

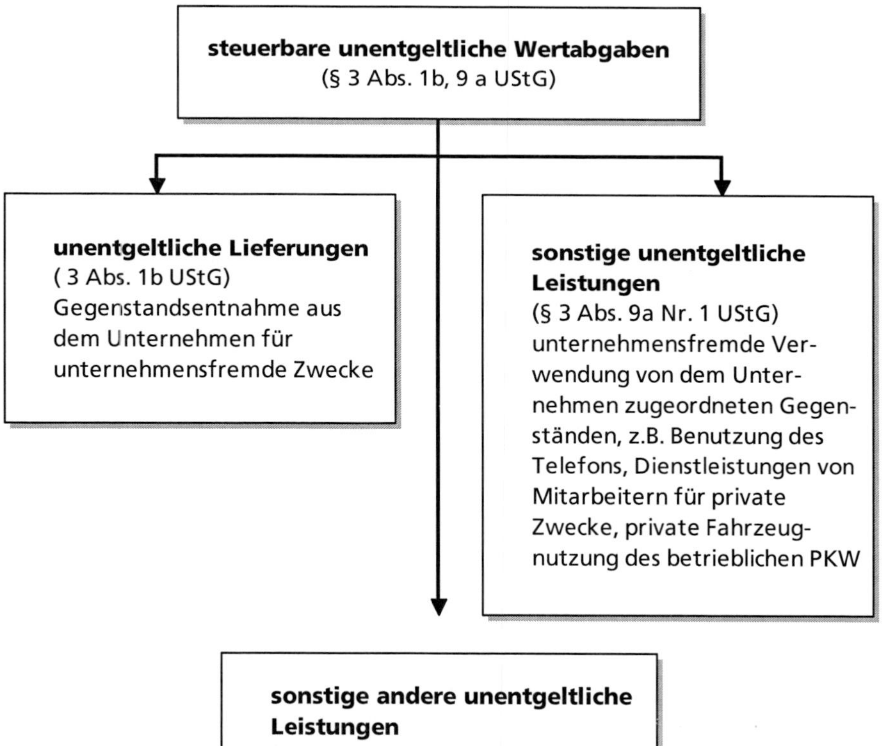

Voraussetzung ist jedoch, dass bei einer Entnahme eines Gegenstandes oder sonstigen Leistung dieser Gegenstand oder seine Bestandteile zum vollen oder teilweisen Vorsteuerabzug berechtigt haben (§§ 3 Abs.1b Satz 2, 9a Nr.1 UStG).

Unentgeltliche Lieferungen und sonstige Leistungen i. S. §§ 3 Abs.1b, 9a UStG *„werden an dem Ort ausgeführt, von dem aus der Unternehmer sein Unternehmen betreibt. Werden diese Leistungen von einer Betriebsstätte ausgeführt, gilt die Betriebsstätte als Ort der Leistungen."* (§ 3f UStG)

Seit dem Wegfall der europäischen Binnengrenzen ab 1993 wird keine Einfuhrumsatzsteuer mehr erhoben. Sie wird z.T. ersetzt durch die so genannte Besteuerung des **innergemeinschaftlichen Erwerbs** (Erwerbsteuer im Gemeinschaftsgebiet).

Bestimmungslandprinzip und Ursprungslandprinzip

Zwei Begriffe sind bei einer einheitlichen Umsatzsteuerregelung im Binnenmarkt von wesentlicher Bedeutung:

- **Bestimmungslandprinzip**,
- **Ursprungslandprinzip**.

Nach dem Bestimmungslandprinzip erfolgt eine Besteuerung in dem Mitgliedstaat, in dem sich der Gegenstand der Lieferung am Ende der Beförderung oder Versendung befindet, also im so genannten ‚Einfuhr-Mitgliedstaat' (vgl. 3d UStG).
Das Bestimmungslandprinzip ist verwirklicht, wenn der Staat, in dem der von der Umsatzsteuer zu erfassende Letztverbrauch tatsächlich stattfindet, die Steuer letztlich erhält.

innergemeinschaftlicher Handel zwischen Unternehmen

Für den **innergemeinschaftlichen Handel** zwischen Unternehmen soll das Bestimmungslandprinzip gelten, wobei es hier einige Ausnahmen gibt.

Nach dem Ursprungslandprinzip erfolgt die Besteuerung in dem Mitgliedstaat, in dem die Ware erworben wurde bzw. in dem die Beförderung oder Verwendung der Ware beginnt.

Handel eines Unternehmens mit Privatpersonen

Im grenzüberschreitenden Warenverkehr, d.h. im **Handel eines Unternehmens mit Privatpersonen** aus einem anderen Mitgliedstaat, gilt das Ursprungslandprinzip. Auch für den nicht kommerziellen, also den privaten innergemeinschaftlichen (Reise-)Verkehr findet dieses Prinzip Anwendung. Waren, die von Privatpersonen im EU-Gebiet gekauft und über eine EU-Binnengrenze gebracht werden, bleiben endgültig nur mit der Steuer des Kauflandes belastet.

Ausnahmen

Aber auch von dieser Regelung gibt es Ausnahmen, d.h. nach dem Bestimmungslandprinzip sind zu versteuern:

- die Lieferung von Neufahrzeugen an private Abnehmer (§ 2a UStG in Verbindung mit § 1b UStG),
- der Versandhandel (§ 3c UStG).

Einfuhr

Die **Einfuhr** ist somit nur noch die Verbringung von Gegenständen in das Inland aus einem Drittlandsgebiet. Importierte Güter werden von der ausländischen Umsatzsteuer entlastet und dafür mit der inländischen Einfuhrumsatzsteuer belastet.

7.3 Bemessungsgrundlagen

7.3.1 Bemessungsgrundlage für Lieferungen und sonstige Leistungen und beim innergemeinschaftlichen Erwerb

Wie bei jeder Steuerart, erfordert die Erhebung und Berechnung der Umsatzsteuer neben dem Steuersatz (Tarif) – einen Besteuerungsmaßstab (➔**Bemessungsgrundlage**).

Bemessungsgrundlage

Besteht die Gegenleistung für eine umsatzsteuerpflichtige Leistung nicht in einer Geldgröße, werden Ersatzgrößen – z. B. Teilwert, Selbstkosten, entstandene Kosten zur Bestimmung der Bemessungsgrundlage herangezogen.

Der **Umsatz** bemisst sich bei Lieferungen und sonstigen Leistungen und beim innergemeinschaftlichen Erwerb nach dem Entgelt ohne Umsatzsteuer. Die Trennung von Nettopreis und Steuer in der Rechnung erleichtert den Vorsteuerabzug und ist eine Voraussetzung für dessen Anwendung.

Umsatz

Entgelt ist alles, *„was der Leistungsempfänger aufwendet, um die Leistung zu erhalten, jedoch abzüglich der Umsatzsteuer."* Dazu zählen auch die Beträge, die *„ein anderer als der Leistungsempfänger dem Unternehmer für die Leistung gewährt."* (§ 10 Abs.1 UStG)

Definition Entgelt (§ 10 Abs. 1 UStG)

Beim innergemeinschaftlichen Erwerb sind in die Bemessungsgrundlage die Verbrauchsteuern, z.B. Kaffee-, Bier-, Tabak-, Mineralölsteuer, die vom Erwerber geschuldet oder entrichtet werden, einzubeziehen.

innergemeinschaftlicher Erwerb

Durchlaufende Posten, d.h. die Beträge, *„die der Unternehmer im Namen und für Rechnung eines anderen vereinnahmt und verausgabt", erhöhen nicht das Entgelt."* (§ 10 Abs.1 UStG)

durchlaufende Posten

Beim **Tausch** oder bei tauschähnlichen Umsätzen *„gilt der Wert jedes Umsatzes als Entgelt für den anderen Umsatz"* (§ 10 Abs.2 UStG), wiederum ohne Umsatzsteuer. D.h. der Wert dieser Umsätze wird durch den Veräußerungspreis im gewöhnlichen Geschäftsverkehr unter Vernachlässigung ungewöhnlicher und persönlicher Verhältnisse bestimmt.

Tausch oder tauschähnliche Umsätze

Ändert sich die **Bemessungsgrundlage** für einen steuerpflichtigen Umsatz, z.B. durch Abzug von Skonto, müssen die geschuldete Umsatzsteuer sowie der in Anspruch genommene Vorsteuerabzug von den jeweiligen Unternehmern entsprechend berichtigt werden (§ 17 Abs.1 UStG).

Änderung der Bemessungsgrundlage

Eine entsprechende Berichtigung hat ebenfalls zu erfolgen, *„wenn das vereinbarte Entgelt für eine steuerpflichtige Lieferung, sonstige Leistung oder einem steuerpflichtigen innergemeinschaftlichen Erwerb uneinbringlich geworden ist."* (§ 17 Abs.2 Nr. 1 UStG) Erfolgt eine nachträgliche (Teil-)Vereinnahmung des Entgeltes, ist eine erneute Berichtigung vorzunehmen.

7.3.2 Bemessungsgrundlage bei Lieferungen und sonstigen Leistungen i.S. der §§ 3 Abs.1b, 9a UStG (Eigenverbrauch)

Für den Eigenverbrauch kann aufgrund des fehlenden Leistungsaustausches und der damit fehlenden Entgeltlichkeit nicht auf das Entgelt als Bemessungsgrundlage zurückgegriffen werden.

Besondere Bemessungsgrundlagen

Aus diesem Grunde wurden folgende besondere Bemessungsgrundlagen vom Gesetzgeber geschaffen (§ 10 Abs.4 UStG):

- bei Lieferungen i.S. des § 3 Abs. 1b UStG (**Gegenstandsentnahme zu unternehmensfremden Zwecken**) wird der Umsatz nach dem Einkaufspreis zuzüglich der Nebenkosten für den Gegenstand jeweils zum Zeitpunkt des Umsatzes bemessen. Lässt sich kein Einkaufspreis ermitteln, sind die Selbstkosten Bemessungsgrundlage (§ 10 Abs.4 Nr.1 UStG);
- bei sonstigen Leistungen i.S. des § 3 Abs. 9a Nr. 1 UStG (**unternehmensfremde Verwendung von betrieblichen Gegenständen**) nach den bei der Ausführung dieser Umsätze entstandenen anteiligen Kosten, soweit sie zum vollen oder teilweisen Vorsteuerabzug berechtigt haben (§ 10 Abs.4 Nr.2 UStG);
- bei sonstigen anderen Leistungen i.S. des § 3 Abs. 9a Nr. 2 UStG (**unentgeltliche Erbringung einer anderen sonstigen Leistungen für unternehmensfremde Zwecke**) nach den bei der Ausführung dieser Umsätze entstandenen anteiligen Kosten, und zwar unabhängig davon, ob und inwieweit sie zum Vorsteuerabzug berechtigten (§ 10 Abs.4 Nr.3 UStG).

Die Umsatzsteuer gehört nicht zur Bemessungsgrundlage.

Ausnahme 1 % -Regelung

Ausnahme: Bei Inanspruchnahme der 1 %-Regelung (§ 6 Abs.1 Nr.4 Satz 2 EStG) für die private Nutzung eines Kraftfahrzeugs, das zu mehr als 50 % betrieblich genutzt wird. Hierbei ist die private Nutzung für jeden Kalendermonat mit 1 % des inländischen Bruttolistenpreises im Zeitpunkt der Erstzulassung zuzüglich der Kosten für Sonderausstattung anzusetzen.

Damit ist die 1 %-Reglung auf das notwendige Betriebsvermögen beschränkt. Gehört das Fahrzeug zum gewillkürten Betriebsvermögen, ist der Entnahmewert zu schätzen und mit den auf die geschätzte private Nutzung entfallenden Kosten anzusetzen (§ 6 Abs.1 Nr.4 Satz 1 EStG). Dieser Nutzungsanteil ist vom Unternehmer im Rahmen der allgemeinen Darlegungsregeln nachzuweisen oder glaubhaft zu machen. Die Führung eines Fahrtenbuches ist dazu nicht zwingend vorgeschrieben.

7.4 Steuersätze und Steuerbefreiungen

7.4.1 Steuersätze

Regelsteuersatz

Der Gesetzgeber (§ 12 UStG) unterscheidet zwei unterschiedliche Steuersätze:

- den **Regelsteuersatz**, er beträgt seit dem 01.01.2007 für jeden steuerpflichtigen-Umsatz 19 % der Bemessungsgrundlage; Dieser allgemeine Steuersatz ist auf Lieferungen und sonstige Leistungen und die innerbetrieblichen Erwerbe anzuwenden. Der Umsatzsteuersatz ist auch bei der Berechnung der Einfuhrumsatzsteuer (§ 1 Abs.1 Nr.4 UStG) anzusetzen.

- den **ermäßigten Steuersatz** von 7 %; er gilt z.B. für die Lieferungen, die Einfuhr und den innergemeinschaftlichen Erwerb folgender in der Anlage des UStG näher bezeichneter Gegenstände:

  ermäßigter Steuersatz

  - Lebensmittel,
  - Druckereierzeugnisse (Bücher, Zeitungen),
  - lebende Tiere,
  - lebende Pflanzen, frisch geschnittene Blumen,
  - Rollstühle, Körperersatzstücke, orthopädische Apparate,
  - Kunstgegenstände und Sammlungsstücke

und für bestimmte sonstige Leistungen:

  - Tier- und Pflanzenzucht,
  - Leistungen der Zahntechniker,
  - Betrieb von Schwimm- und Heilbädern,
  - Personenbeförderung innerhalb von Gemeinden und im Nahverkehr (50 km).
  - Vermietung von Wohn- und Schlafräumen, die ein Unternehmer zur kurzfristigen Beherbergung von Fremden bereithält.

Durchschnittssätze

Für die Lieferungen von land- und forstwirtschaftlichen Erzeugnissen gelten Durchschnittssätze, die so angelegt sind, dass sich weder eine Zahllast noch ein Vorsteuerguthaben ergibt (§ 24 UStG).

7.4.2 Steuerbefreiungen

Optionsrechte

Steuerbare Umsätze können sowohl steuerpflichtig als auch steuerfrei sein. Bedingten Nachteilen durch **Steuerbefreiungen** – z.B. Verlust des Vorsteuerabzugs – hat der Gesetzgeber teilweise durch **Optionsrechte** Rechnung getragen, d.h. der Unternehmer kann auf bestimmte Steuerbefreiungen verzichten (§ 9 UStG).

Die Steuerbefreiungen lassen sich in drei Gruppen einteilen (§§ 4, 4b, 5 UStG):

steuerfreie Umsätze mit Vorsteuerabzug

- **steuerfreie Umsätze mit Vorsteuerabzug**, hierzu gehören die Exportumsätze, wie z.B.
  - Ausfuhrlieferungen (§ 6 UStG),
  - Innergemeinschaftliche Lieferungen (§ 6a UStG),
  - Umsätze für die Seeschifffahrt und Luftfahrt (§ 8 UStG),
  - grenzüberschreitende Beförderung von Gegenständen und die Beförderung im internationalen Eisenbahnfrachtverkehr sowie
  - Lieferung von Gold an Zentralbanken.

Die Gewährung des Vorsteuerabzugs bei diesen steuerfreien Umsätzen hat eine völlige Entlastung von der inländischen Umsatzsteuer zur Folge.

steuerfreie Umsätze ohne Vorsteuerabzugsrecht

- **steuerfreie Umsätze ohne Vorsteuerabzugsrecht**, z.B. Umsätze
  - der Ärzte, Zahnärzte, anderer heilberuflicher Tätigkeiten und der Krankenhäuser,
  - der gültigen amtlichen Wertzeichen;
  - aus Beteiligung als stiller Gesellschafter,
  - die dem Rennwett- und Lotteriegesetz unterliegen,
  - von Bausparkassen- und Versicherungsvertretern sowie
  - im Bereich sozialer und kultureller Aufgaben.

steuerfreie Umsätze mit Optionsrecht

- **steuerfreie Umsätze mit Optionsrecht**, d.h. hier kann auf eine Steuerbefreiung verzichtet werden, wenn der Umsatz an einen anderen Unternehmer für dessen Unternehmen ausgeführt wird (§ 9 UStG); ein Optionsrecht besteht z.B. für Umsätze
  - im Geld- und Kapitalverkehr,
  - die unter das Grunderwerbsteuergesetz (§ 4 Nr.9a UStG) fallen,
  - für die Vermietung und Verpachtung von Grundstücken (§ 4 Nr.12a UStG)
  - und der Blinden.

Vermietung oder Verpachtung von Grundstücken

Bei der **Vermietung oder Verpachtung** von Grundstücken und bei der Bestellung und Übertragung von Erbbaurechten, ist der Verzicht auf Steuerbefreiung nur zulässig, wenn der Leistungsempfänger das Grundstück ausschließlich für Umsätze verwendet, die den Vorsteuerabzug nicht ausschließen (§ 9 Abs.2 UStG).
Nicht steuerbefreit sind (§ 4 Nr.12 Satz 2 UStG)

- die Vermietung von Wohn- und Schlafräumen, die ein Unternehmer zur kurzfristigen Beherbergung von Fremden bereithält,
- die Vermietung von Plätzen für das Abstellen von Fahrzeugen,
- die kurzfristige Vermietung auf Campingplätzen und
- die Vermietung und Verpachtung von Maschinen und sonstigen Vorrichtungen aller Art, die zu einer Betriebsanlage gehören, auch wenn sie wesentlicher Bestandteil eines Grundstücks sind.

Besteuerung der Kleinunternehmer

Ausnahmen gelten auch für die **Besteuerung der Kleinunternehmer**; d.h., wenn die Umsätze i.S. § 1 Abs.1 Nr.1 UStG – gekürzt um die Umsätze von Wirtschaftsgütern des Anlagevermögens – zuzüglich der Umsatzsteuer von Unternehmern, die im Inland oder in Zollfreigebieten ansässig sind,

- im vorangegangenen Kalenderjahr 17.500,00 € nicht überstiegen haben und
- im laufenden Kalenderjahr 50.000,00 € voraussichtlich nicht übersteigen werden, wird die auf diese Umsätze geschuldete Umsatzsteuer nicht erhoben (§ 19 Abs.1 UStG).

Das gilt nicht für die innergemeinschaftliche Lieferung neuer Fahrzeuge (§ 2a UStG).Der Unternehmer kann aber dem Finanzamt – bis zur Unanfechtbarkeit der Steuerfestsetzung – erklären, dass er auf die Anwendung der Steuerbefreiung verzichtet. Danach bindet diese Erklärung den Unternehmer für mindestens fünf Kalenderjahre.

Besteuerung nach § 19 Abs.1 UStG

Wird ein Unternehmer nach § 19 Abs.1 UStG besteuert, so braucht er grundsätzlich keine Umsatzsteuer mehr zu entrichten. Er verliert aber auch sein Vorsteuerabzugsrecht und das Recht für einen Verzicht auf eine Steuerbefreiung (§ 9 UStG) zu optieren. Zusätzlich darf er seinen Abnehmern keine Umsatzsteuer gesondert in Rechnung stellen (Voraussetzung für den Vorsteuerabzug).

7.5 Vorsteuerabzug

7.5.1 Voraussetzungen

Rechnungen mit gesondertem Steuerausweis

Bei steuerpflichtigen Lieferungen und sonstigen Leistungen nach § 1 Abs.1 Nr.1 UStG ist der Unternehmer berechtigt, auf Verlangen eines anderen Unternehmers, soweit er die Umsätze für dessen Unternehmen ausführt, verpflichtet, Rechnungen mit gesondertem Steuerausweis auszustellen.

Rechnungsangaben (§ 14 Abs.4 UStG)

Diese **Rechnungen** müssen demnach ab 01.01.2004 die folgenden Angaben enthalten (§ 14 Abs.4 UStG):

- den vollständigen Namen und die vollständige Anschrift des leistenden Unternehmers;
- den vollständigen Namen und die vollständige Anschrift des Leistungsempfängers;
- die Steuernummer des leistenden Unternehmers oder die – ihm vom Bundesamt für Finanzen erteilte – USt-Identifikationsnummer;
- das Ausstellungsdatum;
- die fortlaufende Nummer zur Identifizierung der Rechnung (Rechnungsnummer);
- die Menge und Art der gelieferten Gegenstande oder Art und Umfang der sonstigen Leistung;
- den Zeitpunkt der Leistung/sonstigen Leistung oder der Entgeltvereinnahmung, sofern dieser Zeitpunkt feststeht und vom Ausstellungsdatum der Rechnung abweicht;
- das nach Umsatzsteuersätzen und einzelnen Steuerbefreiungen aufgeschlüsselte Entgelt sowie im Voraus vereinbarte Entgeltminderungen, sofern sie nicht bereits im Entgelt berücksichtigt sind;
- den anzuwendenden Steuersatz sowie den Steuerbetrag oder einen Hinweis auf etwaige Steuerbefreiungen.

Ab 2001 gilt als Rechnung u.a. auch eine Abrechnung über das Internet (E-Mail) oder durch Übersendung von maschinell lesbaren Datenträgern, z.B. CD, Diskette (§ 14 Abs.3 UStG). Hierbei müssen die Echtheit der Herkunft und die übermittelte Richtigkeit des Inhalts gewährleistet sein.

Im normalen Geschäftsleben ist es üblich, die Umsatzsteuer generell gesondert aufzuführen.

Kleinbetragsrechnungen

Ausnahmen bilden die **Kleinbetragsrechnungen** bis zu einem Gesamtbetrag von 150,00 €. Hier dürfen das Entgelt und der Steuerbetrag für die Leistungen in einer Summe ausgewiesen werden. Die Nennung des prozentualen Steuersatzes oder der Hinweis im Fall einer Steuerbefreiung ist aber erforderlich (§ 33 UStDV).

Fahrausweise der Eisenbahnen

Bei Fahrausweisen der Eisenbahnen, die dem öffentlichen Verkehr dienen, kann an Stelle des Steuersatzes die Tarifentfernung angegeben werden. Allerdings muss ab dem 01.01.2004 zu den bisherigen Angaben zudem das Ausstellungsdatum vermerkt sein, damit diese als Rechnung gelten (§ 34 Abs. 1 UStDV).

Zahllast

Die Ermittlung der Umsatzsteuerschuld (→**Zahllast**) erfolgt, indem der Unternehmer auf seine steuerpflichtigen Umsätze den entsprechenden Steuersatz anwendet und die in seinen Lieferantenrechnungen gesondert ausgewiesenen Umsatzsteuerbeträge als Vorsteuer von der einbehaltenen Umsatzsteuer abzieht.

Soll-Besteuerung

Die Umsatzsteuer bemisst sich grundsätzlich nach dem **vereinbarten Entgelt** (**➔Soll-Besteuerung**). Sie wird geschuldet, sobald die Lieferung erfolgt und die Rechnung ausgestellt ist. Der Zeitpunkt der Bezahlung des Abnehmers ist dabei unerheblich.
Entsprechend ist die Vorsteuer abzuziehen, sobald sie in Rechnung gestellt wird. Der **Vorsteuerabzug** ist aber generell nur dann möglich, wenn der Unternehmer im Besitz einer ordnungsmäßig ausgestellten Rechnung ist.

Vorsteuer

Als **Vorsteuer** kann der Unternehmer folgende Beträge abziehen (§ 15 Abs.1 Nr.1 UStG):

- „die gesetzlich geschuldete Steuer für Lieferungen oder sonstige Leistungen, die von einem anderen Unternehmer für sein Unternehmen ausgeführt worden sind." Der Vorsteuerabzug setzt allerdings voraus, dass der Unternehmer eine ordnungsgemäß ausgestellte Rechnung besitzt. Das gilt auch dann, wenn die Leistung noch nicht ausgeführt ist, die (Voraus-) Zahlung aber bei vorliegender Rechnung geleistet worden ist;
- die entrichtete Einfuhrumsatzsteuer für Gegenstände, die für sein Unternehmen nach § 1 Abs.1 Nr.4 UStG eingeführt worden sind;
- die (Erwerb-)Steuer für den innergemeinschaftlichen Erwerb von Gegenständen für sein Unternehmen.

Hinweis: Das gilt nicht, wenn der Unternehmer zu weniger als 10 % diese Leistungen für sein Unternehmen nutzt.

ausgeschlossen vom Vorsteuerabzug

Ausgeschlossen vom Vorsteuerabzug (§ 15 Abs.1a UStG) ist die Steuer für

- Aufwendungen i.S. § 4 Abs.5 Satz 1 Nr. 1-4, 7, Abs.7 oder § 12 Nr. 1 EStG
- Umzugskosten für einen Wohnungswechsel

sowie (§ 15 Abs.2 UStG)

- die Lieferungen und sonstige Leistungen,
- die Einfuhr
- und den innergemeinschaftlichen Erwerb von Gegenständen, die der Unternehmer zur Ausführung von
  - steuerfreien Umsätzen,
  - Umsätzen im Ausland, die, wenn sie im Inland ausgeführt würden, steuerfrei wären, und
  - unentgeltliche Lieferungen und sonstige Leistungen, die, wenn sie gegen Entgelt ausgeführt würden, steuerfrei wären, vornimmt.

Von diesem grundsätzlichen Ausschluss des Vorsteuerabzugs gibt es Ausnahmen, z.B. wenn die Umsätze *„nach § 4 Nr.1 bis 7, § 25 Abs.2 oder nach den in § 26 Abs.5 bezeichneten Vorschriften steuerfrei sind (wären)"* (§ 15 Abs.3 Nr.1a UStG).

7.5.2 Aufteilung von Vorsteuern

abzugsfähige und nicht abzugsfähige Vorsteuern

Eine Aufteilung in abzugsfähige und nicht abzugsfähige Vorsteuern muss vom Unternehmer vorgenommen werden, wenn er Umsätze ausführt, die ihn sowohl zum Abzug der Vorsteuer berechtigen, als auch Umsätze, bei denen der Vorsteuerabzug ausgeschlossen ist.

„Verwendet der Unternehmer einen für sein Unternehmen gelieferten, eingeführten oder innergemeinschaftlich erworbenen Gegenstand oder eine von ihm in Anspruch genommene Leistung nur zum Teil zur Ausführung von Umsätzen, die den Vorsteuerabzug ausschließen, so ist der Teil der jeweiligen Vorsteuerbeträge nicht abziehbar, der den zum Ausschluss vom Vorsteuerabzug führenden Umsätzen wirtschaftlich zuzurechnen ist." (§ 15 Abs.4 UStG)

nicht vorsteuerabzugsfähige Teilbeträge

Der Unternehmer kann die nicht vorsteuerabzugsfähigen Teilbeträge nach gerechtfertigten Gesichtspunkten oder *„im Wege einer sachgerechten Schätzung"* (§ 15 Abs.4 UStG) vornehmen.

Ein geeigneter Anhaltspunkt ist hierbei die betriebliche Kostenrechnung – z.B. Betriebsabrechnungsbogen (BAB), Kostenträgerrechnung – oder die Ergebnisrechnung (Aufwands- und Ertragsrechnung) aus der Finanzbuchhaltung.

In voller Höhe dagegen sofort abziehbar sind die abzugsfähigen Vorsteuern, die unter Berücksichtigung ihrer sachlichen Zugehörigkeit ausschließlich auf zum Abzug berechtigende Umsätze entfallen (§ 15 Abs.1 UStG).

Nicht abziehbar sind Vorsteuern in wirtschaftlichem Zusammenhang mit Umsätzen, die vom Vorsteuerabzug ausgeschlossen sind (§§ 15 Abs.1a, 2 UStG). Nicht eindeutig zurechenbare Vorsteuern werden unter Verwendung der Zahlen der betrieblichen Kostenrechnung (§ 15 Abs.4 UStG) oder im Verhältnis auf die steuerpflichtigen und steuerfreien Umsätze (§ 15 Abs.5 UStG) aufgeteilt.

Übersicht der Aufteilung in abzugsfähige und nicht abzugsfähige Vorsteuern

Damit ergibt sich zusammenfassend folgende Übersicht:

	Summe der Jahresumsätze
–	nicht steuerbare Umsätze
–	steuerfreie Umsätze (§ 4 UStG)
=	steuerpflichtige Umsätze
×	Umsatzsteuersatz (§ 12 UStG)
=	Umsatzsteuer
	Summe der Vorsteuerbeträge
–	vollständig nicht abziehbare Vorsteuern: ausschließlich steuerfreien Umsätzen zuzurechnen (§ 15 Abs.1a, 2 UStG), Ausnahme: § 15 Abs.3 UStG
–	teilweise nicht abziehbare Vorsteuern: Anteil der nicht eindeutig zurechenbaren Vorsteuerbeträge (§ 15 Abs.4, 5 UStG)
=	abziehbare Vorsteuerbeträge
	Umsatzsteuer
–	Vorsteuerabzug
=	Umsatzsteuer-Zahllast

Beispiel 7.2
Ermittlung der Zahllast

Die in Hamburg ansässige Träger KG stellt Produkte her, die dem allgemeinen Umsatzsteuersatz unterliegen.

- In diesem Kalenderjahr berechnet sie für Händler in der Bundesrepublik Umsätze in Höhe von 1.000.000,00 € zuzüglich USt.
- Privatpersonen in Deutschland stellte die Träger KG für Lieferungen 595.000,00 € (brutto) mit USt.-Ausweis in Rechnung.
- Weiterhin wurden Industriegrundstücke in Hamburg an Unternehmer umsatzsteuerfrei vermietet, hierfür hat die KG 100.000,00 € erhalten.
- Des Weiteren wurde ein PKW für 25.000,00 € AK gekauft, der auch zu ca. 20 % für private Zwecke genutzt wird (ein Fahrtenbuch wurde nicht geführt).
- Der Träger KG sind von ihren Lieferanten Umsatzsteuerbeträge in Höhe von insgesamt 208.000,00 € (inkl. PKW-Kauf) gesondert in Rechnung gestellt worden.
- Hiervon stehen 10.000,00 € im direkten Zusammenhang mit der Vermietung (Handwerkerrechnungen).
- Ein weiterer Teilbetrag von 20.000,00 € kann nicht weiter in steuerfreie/steuerpflichtige Umsätze aufgeteilt werden; lt. Kostenrechnung ist die Aufteilung je zur Hälfte vorzunehmen.

a) Wie hoch ist die Zahllast, die die KG für das Jahr zu entrichten hat?

b) Könnte die Träger KG eine Option nach § 9 UStG ausüben; wenn ja, welchen Vorteil hätte dies? Begründen Sie Ihre Entscheidung.

Lösung:

a)	Umsätze an Unternehmer	1.100.000,00 €
+	Umsätze an Privatpersonen	595.000,00 €
+	Privatnutzung PKW (1 %-Methode = 1 % von 29.000,00 € brutto × 12)	3.480,00 €
=	Summe der Jahresumsätze	1.698.480,00 €
–	steuerfreie Umsätze (§ 4 Nr.12a UStG)	100.000,00 €
=	steuerpflichtige Umsätze	1.598.480,00 €
=	Umsatzsteuer 19 % auf 1.598.480,00 €	303.711,20 €
	Summe der Vorsteuerbeträge	208.000,00 €
–	nicht abziehbare VoSt. (§ 15 Abs.2 UStG)	10.000,00 €
–	nicht abziehbare VoSt. (§ 15 Abs.4 UStG)	10.000,00 €
=	abziehbare Vorsteuerbeträge	188.000,00 €
	Umsatzsteuer	303.711,20 €
–	Vorsteuerabzug	188.000,00 €
=	Zahllast	115.711,20 €

b)
Verzicht auf Steuerbefreiungen (§ 9 Abs.1 UStG) ist möglich, da aufgrund § 4 Nr.12a UStG *„die Vermietung und die Verpachtung von Grundstücken"* als steuerpflichtig behandelt werden kann, wenn der Umsatz an einen anderen Unternehmer für dessen Unternehmen ausgeführt wird.

Vorteil:

	Mieteinnahmen	100.000,00 €
	19 % USt.	19.000,00 €
–	abziehbare VoSt., (da nicht mehr steuerfreien Umsätzen zuzurechnen)	20.000,00 €
=	Vorsteuerüberhang	1.000,00 €

7.6 Besteuerungsverfahren

7.6.1 Entstehung der Steuer und Besteuerungszeitraum

Sollbesteuerung

Die Steuerschuld entsteht für Lieferungen und sonstige Leistungen bei der Berechnung der Steuer nach **vereinbarten Entgelten** (**➔ Sollbesteuerung**; § 16 Abs.1 UStG) mit Ablauf des Voranmeldungszeitraums, in dem die Leistungen ausgeführt worden sind. Das gilt auch für Teilleistungen. Bei der Berechnung der Steuer ist von der Summe der Umsätze (§ 1 Abs.1 UStG) auszugehen.

Voranmeldungszeitraum

- **Voranmeldungszeitraum** ist grundsätzlich das Kalendervierteljahr, wenn die Umsatzsteuer für das vorangegangene Kalenderjahr mehr als 1.000,00 € bis zu 7.500,00 € betragen hat (§ 18 Abs. 2 UStG).

Besteuerungszeitraum

- **Besteuerungszeitraum** ist das Kalenderjahr.

Wird die gewerbliche oder berufliche Tätigkeit nur in einem Teil des Kalenderjahres ausgeübt, so gilt dieser Teil als Besteuerungszeitraum. Es ist die voraussichtliche Steuer des laufenden Kalenderjahres maßgebend (§ 18 Abs.2 UStG).

Vorauszahlungen

Bei (Teil-)**Vorauszahlungen**, d.h. wird das Entgelt vor Ausführung der Leistung oder Teilleistung vereinnahmt, entsteht die Steuer mit Ablauf des Voranmeldungszeitraums, in dem das (Teil-)Entgelt vereinnahmt worden ist (Mindest-Ist-Besteuerung; § 13 Abs.1 Nr.1a UStG).

Ist-Besteuerung

Bei der Berechnung der Steuer nach **vereinnahmten Entgelten** (**➔** Istbesteuerung; § 20 UStG) entsteht die Steuerschuld ebenfalls mit Ablauf des Voranmeldungszeitraums, in dem die Entgelte vereinnahmt worden sind.

Die Istbesteuerung kann auf Antrag von Unternehmern mit freiberuflicher Tätigkeit (§ 18 Abs.1 Nr.1 EStG) oder Unternehmern, die keine Bücher zu führen haben (§ 148 AO) oder deren Gesamtumsatz im vorangegangenen Kalenderjahr nicht mehr als 500.000,00 € (vom 1.7.2009 bis 31.12.2011) betragen hat, vorgenommen werden (§ 20 Abs.1 Nr.1 UStG). Auch für Leistungen i. S. §§ 3 Abs.1b und 9a UStG (unentgeltliche Entnahme) entsteht die Steuerschuld mit Ablauf des Voranmeldungszeitraums, in dem diese Leistungen ausgeführt worden sind (§ 13 Abs.1 Nr.2 UStG).

7.6.2 Umsatzsteuererklärung und Umsatzsteuervoranmeldung (UVA)

Steuererklärung

Der Unternehmer (Steuerpflichtige) hat nach Ablauf des Kalenderjahres (Besteuerungszeitraums) eine **Steuererklärung** nach amtlich vorgeschriebenem Vordruck dem Betriebsstättenfinanzamt einzureichen und eigenhändig zu unterschreiben. Der Unternehmer wird aufgrund der selbst zu berechnenden Umsatzsteuer veranlagt (§ 18 Abs.3 UStG).

Soweit im Besteuerungszeitraum entstanden, ist von der Summe der Umsätze (§ 1 Abs.1 Nr.1 und 5 UStG) die abziehbare Vorsteuer (§ 15 UStG) abzusetzen. Die **Einfuhrumsatzsteuer** ist von der Steuerschuld für den Besteuerungszeitraum abzusetzen, in dem sie entrichtet worden ist (§ 16 Abs.2 UStG).
Diese Steuererklärung ist eine **Steueranmeldung** (§ 150 Abs.1 AO) und gilt somit als Steuerfestsetzung unter Vorbehalt der Nachprüfung. Die Steuererklärung für das vergangene Kalenderjahr ist spätestens fünf Monate nach Ablauf abzugeben (§§ 149 Abs.2 AO, 18 Abs.3 UStG).

Voranmeldung

Zusätzlich zur Umsatzsteuererklärung für den gesamten Besteuerungszeitraum hat der Unternehmer bis zum 10. Tag nach Ablauf des Voranmeldungszeitraums eine **Voranmeldung** nach amtlich vorgeschriebenem Vordruck abzugeben. Auch hier hat der Unternehmer die Steuer für den Voranmeldungszeitraum selbst zu berechnen und gleichzeitig eine **Umsatzsteuervorauszahlung** zu entrichten, die bei der endgültigen Jahresveranlagung angerechnet wird (§ 18 Abs.1 UStG).

Ab dem Veranlagungszeitraum 2005 muss die **Umsatzsteuer-Voranmeldung** dem Betriebsstättenfinanzamt auf elektronischem Weg nach Maßgabe der Steuerdaten-Übermittlungsverordnung übermittelt werden (§ 18 Abs.1 Satz 1 UStG). Zur Vermeidung von Härten kann das Finanzamt auf Antrag auf eine elektronische Übermittlung verzichten.

Kalendermonat als Voranmeldungszeitraum

Beträgt die Steuer für das vorangegangene Kalenderjahr mehr als 7.500,00 € ist der **Kalendermonat Voranmeldungszeitraum** (§ 18 Abs.2 UStG). Auch bei Aufnahme der Tätigkeit im laufenden Jahr ist der Voranmeldungszeitraum für das laufende und das Folgejahr der Kalendermonat.

Befreiung von der Voranmeldungsfrist

Das Finanzamt kann den Unternehmer von der Verpflichtung zur Abgabe der Voranmeldungen und Entrichtung der Vorauszahlung befreien, wenn die Umsatzsteuer nicht mehr als 1.000,00 € für das vorangegangene Kalenderjahr beträgt (§ 18 Abs.2 UStG).

Hat der Unternehmer seine gewerbliche oder berufliche Tätigkeit nicht während des ganzen vorangegangenen Kalenderjahres ausgeübt, so ist die tatsächliche Umsatzsteuer in eine Jahressteuer umzurechnen.

Fälligkeiten

Ergibt sich bei der Berechnung der Steueranmeldung für das Kalenderjahr ein Differenzbetrag – z.B. durch Entgeltminderungen für Jahresboni – zu den Vorauszahlungen (Umsatzsteuervoranmeldungen), so ist dieser Betrag innerhalb eines Monats nach Eingang der Steueranmeldung bzw. nach Bekanntgabe des Steuerbescheids fällig bzw. ohne besonderen Antrag von der Finanzbehörde auszuzahlen (§ 18 Abs. 4 UStG).

- Bitte weiße Felder ausfüllen oder ☒ ankreuzen, Anleitung beachten -

Fallart	Steuernummer	Unterfallart
11		56

2009

Finanzamt

Unternehmer – ggf. abweichende Firmenbezeichnung – Anschrift – Telefon – E-Mail-Adresse

30 Eingangsstempel oder -datum

Umsatzsteuer-Voranmeldung 2009

Voranmeldungszeitraum

bei **monatlicher** Abgabe bitte ankreuzen

09 01	Jan.		09 07	Juli
09 02	Feb.		09 08	Aug.
09 03	März		09 09	Sept.
09 04	April		09 10	Okt.
09 05	Mai		09 11	Nov.
09 06	Juni		09 12	Dez.

bei **vierteljährlicher** Abgabe bitte ankreuzen

09 41	I. Kalendervierteljahr
09 42	II. Kalendervierteljahr
09 43	III. Kalendervierteljahr
09 44	IV. Kalendervierteljahr

Berichtigte Anmeldung (falls ja, bitte eine „1" eintragen) 10

Belege (Verträge, Rechnungen, Erläuterungen usw.) sind beigefügt bzw. werden gesondert eingereicht (falls ja, bitte eine „1" eintragen) 22

I. Anmeldung der Umsatzsteuer-Vorauszahlung

Zeile			Bemessungsgrundlage ohne Umsatzsteuer – volle EUR		Steuer – EUR	Ct
19	**Lieferungen und sonstige Leistungen** (einschließlich unentgeltlicher Wertabgaben)					
20	**Steuerfreie Umsätze mit Vorsteuerabzug**					
21	**Innergemeinschaftliche Lieferungen** (§ 4 Nr. 1 Buchst. b UStG) an Abnehmer **mit** USt-IdNr.	41				
22	neuer Fahrzeuge an Abnehmer **ohne** USt-IdNr.	44				
23	neuer Fahrzeuge außerhalb eines Unternehmens (§ 2a UStG)	49				
24	**Weitere steuerfreie Umsätze mit Vorsteuerabzug** (z.B. **Ausfuhrlieferungen**, Umsätze nach § 4 Nr. 2 bis 7 UStG)	43				
25	**Steuerfreie Umsätze ohne Vorsteuerabzug** Umsätze nach § 4 Nr. 8 bis 28 UStG	48				
26	**Steuerpflichtige Umsätze** (Lieferungen und sonstige Leistungen einschl. unentgeltlicher Wertabgaben)					
27	zum Steuersatz von 19 %	81				
28	zum Steuersatz von 7 %	86				
29	zu anderen Steuersätzen	35		36		
30	**Umsätze land- und forstwirtschaftlicher Betriebe nach § 24 UStG**					
31	Lieferungen in das übrige Gemeinschaftsgebiet an Abnehmer **mit** USt-IdNr.	77				
32	Umsätze, für die eine Steuer nach § 24 UStG zu entrichten ist (Sägewerkserzeugnisse, Getränke und alkohol. Flüssigkeiten, z.B. Wein)	76		80		
33	**Innergemeinschaftliche Erwerbe**					
34	**Steuerfreie innergemeinschaftliche Erwerbe** Erwerbe nach § 4b UStG	91				
35	**Steuerpflichtige innergemeinschaftliche Erwerbe** zum Steuersatz von 19 %	89				
36	zum Steuersatz von 7 %	93				
37	zu anderen Steuersätzen	95		98		
38	**neuer Fahrzeuge** von Lieferern **ohne** USt-IdNr. zum allgemeinen Steuersatz	94		96		
39	**Ergänzende Angaben zu Umsätzen**					
40	Lieferungen des ersten Abnehmers bei **innergemeinschaftlichen Dreiecksgeschäften** (§ 25b Abs. 2 UStG)	42				
41	Steuerpflichtige Umsätze im Sinne des § 13b Abs. 1 Satz 1 Nr. 1 bis 5 UStG, für die der **Leistungsempfänger** die **Steuer schuldet**	60				
42	**Nicht steuerbare Umsätze** (Leistungsort nicht im Inland)	45				
43	**Übertrag**		zu übertragen in Zeile 45			

USt 1 A – Umsatzsteuer-Voranmeldung 2009 –

– 2 –

Steuernummer:

			Steuer EUR	Ct
Übertrag				

Umsätze, für die als Leistungsempfänger die Steuer nach § 13b Abs. 2 UStG geschuldet wird

		Bemessungsgrundlage ohne Umsatzsteuer volle EUR	Ct		Steuer EUR	Ct
Leistungen eines im Ausland ansässigen Unternehmers (§ 13b Abs. 1 Satz 1 Nr. 1 und 5 UStG)	52			53		
Lieferungen sicherungsübereigneter Gegenstände und Umsätze, die unter das GrEStG fallen (§ 13b Abs. 1 Satz 1 Nr. 2 und 3 UStG)	73			74		
Bauleistungen eines im Inland ansässigen Unternehmers (§ 13b Abs. 1 Satz 1 Nr. 4 UStG)	84			85		

		Steuer EUR	Ct
Steuer infolge Wechsels der Besteuerungsform sowie Nachsteuer auf versteuerte Anzahlungen u. ä. wegen Steuersatzänderung	65		
Umsatzsteuer			
Abziehbare Vorsteuerbeträge			
Vorsteuerbeträge aus Rechnungen von anderen Unternehmern (§ 15 Abs. 1 Satz 1 Nr. 1 UStG), aus Leistungen im Sinne des § 13a Abs. 1 Nr. 6 UStG (§ 15 Abs. 1 Satz 1 Nr. 5 UStG) und aus innergemeinschaftlichen Dreiecksgeschäften (§ 25b Abs. 5 UStG)	66		
Vorsteuerbeträge aus dem innergemeinschaftlichen Erwerb von Gegenständen (§ 15 Abs. 1 Satz 1 Nr. 3 UStG)	61		
Entrichtete Einfuhrumsatzsteuer (§ 15 Abs. 1 Satz 1 Nr. 2 UStG)	62		
Vorsteuerbeträge aus Leistungen im Sinne des § 13b Abs. 1 UStG (§ 15 Abs. 1 Satz 1 Nr. 4 UStG)	67		
Vorsteuerbeträge, die nach allgemeinen Durchschnittssätzen berechnet sind (§§ 23 und 23a UStG)	63		
Berichtigung des Vorsteuerabzugs (§ 15a UStG)	64		
Vorsteuerabzug für innergemeinschaftliche Lieferungen neuer Fahrzeuge außerhalb eines Unternehmens (§ 2a UStG) sowie von Kleinunternehmern im Sinne des § 19 Abs. 1 UStG (§ 15 Abs. 4a UStG)	59		
Verbleibender Betrag			
Andere Steuerbeträge			
In Rechnungen unrichtig oder unberechtigt ausgewiesene Steuerbeträge (§ 14c UStG) sowie Steuerbeträge, die nach § 4 Nr. 4a Satz 1 Buchst. a Satz 2, § 6a Abs. 4 Satz 2, § 17 Abs. 1 Satz 6 oder § 25b Abs. 2 UStG geschuldet werden	69		
Umsatzsteuer-Vorauszahlung/Überschuss			
Anrechnung (Abzug) der festgesetzten **Sondervorauszahlung** für Dauerfristverlängerung (nur auszufüllen in der letzten Voranmeldung des Besteuerungszeitraums, in der Regel Dezember)	39		
Verbleibende Umsatzsteuer-Vorauszahlung (bitte in jedem Fall ausfüllen) **Verbleibender Überschuss** - bitte dem Betrag ein Minuszeichen voranstellen -	83		

II. Sonstige Angaben und Unterschrift

Ein Erstattungsbetrag wird auf das dem Finanzamt benannte Konto überwiesen, soweit der Betrag nicht mit Steuerschulden verrechnet wird.

Verrechnung des Erstattungsbetrags erwünscht / Erstattungsbetrag ist abgetreten (falls ja, bitte eine „1“ eintragen) — 29

Geben Sie bitte die Verrechnungswünsche auf einem besonderen Blatt an oder auf dem beim Finanzamt erhältlichen Vordruck „Verrechnungsantrag“.

Die **Einzugsermächtigung** wird ausnahmsweise (z.B. wegen Verrechnungswünschen) für diesen Voranmeldungszeitraum **widerrufen** (falls ja, bitte eine „1“ eintragen) — 26

Ein ggf. verbleibender Restbetrag ist gesondert zu entrichten.

Hinweis nach den Vorschriften der Datenschutzgesetze:
Die mit der Steueranmeldung angeforderten Daten werden auf Grund der §§ 149 ff. der Abgabenordnung und der §§ 18, 18b des Umsatzsteuergesetzes erhoben.
Die Angabe der Telefonnummern und der E-Mail-Adressen ist freiwillig.

Bei der Anfertigung dieser Steueranmeldung hat mitgewirkt:
(Name, Anschrift, Telefon, E-Mail-Adresse)

Datum, Unterschrift

- nur vom Finanzamt auszufüllen -

11 | 19

12

Bearbeitungshinweis

1. Die aufgeführten Daten sind mit Hilfe des geprüften und genehmigten Programms sowie ggf. unter Berücksichtigung der gespeicherten Daten maschinell zu verarbeiten.
2. Die weitere Bearbeitung richtet sich nach den Ergebnissen der maschinellen Verarbeitung.

Datum, Namenszeichen

Kontrollzahl und/oder Datenerfassungsvermerk

Praxisübungen

Die Lösungen finden Sie im Band **„Steuerrecht – Übungen & Musterklausuren“** dieser Fachbuchreihe.

Aufgabe 1

Der Möbeleinzelhändler Berger handelt in Hamburg mit neuen und gebrauchten Möbeln. Er unterliegt der Regelbesteuerung nach § 16 Abs.1 UStG.

- Nehmen Sie zur Unternehmereigenschaft des Einzelhändlers Berger Stellung.

....

....

....

Aufgabe 2

- Beurteilen Sie bitte die folgenden einzelnen Vorgänge hinsichtlich ihrer umsatzsteuerrechtlichen Auswirkung auf:
  - Steuerbarkeit
  - Steuerpflicht/Steuerfreiheit
  - Bemessungsgrundlage (€)
  - Steuersatz und Steuerbetrag (€)
  - Vorsteuerabzug nur bei Leistungsbezügen (€) beim Einzelhändler Berger im Mai.

  Geben Sie bitte die dazugehörigen Paragrafen im Steuergesetz mit an.

Für den Monat Mai 2009 sind folgende Vorgänge im Unternehmen angefallen:

1. Sachverhalt

Am 15. Mai wird eine Schrankwand zum Bruttopreis von 6.664,00 € an den Kunden Alpha in Hamburg verkauft. Die Wand wird am 20. Mai in der Wohnung des Kunden aufgestellt.
Folgende Zahlungsweise ist vereinbart: Zahlung in 13 Monatsraten zu 500,00 €, erste Zahlung am 20. Mai. Bis zur vollständigen Bezahlung behält sich Berger das Eigentum an der Schrankwand vor.

....

....

....

2. Sachverhalt

Ein ausschließlich betrieblich genutzter Kleintransporter des Einzelhändlers wird am 02. Mai durch Verschulden des Unfallgegners Krüger beschädigt. Berger lässt den Schaden in der Kfz-Werkstatt Lehmann reparieren. Die Werkstatt stellt daraufhin am 08. Mai eine Rechnung über 4.500,00 € zzgl. 855,00 € USt. aus. Die Haftpflichtversicherung des Unfallgegners Krüger überweist am 19. Mai 4.500,00 € auf das betriebliche Bankkonto Bergers.

....

....

....

3. Sachverhalt

Am 20. Mai kauft Berger für seinen Möbelhandel vom kfm. Angestellten G. aus B. aus dessen Wohnung ein Rokoko-Tischchen für 2.500,00 €. Auf Wunsch des Einzelhändlers stellt G. folgende Rechnung aus:

Lieferung eines Tisches	2.100,84 €
+ 19 % USt.	399,16 €
Rechnungsbetrag	2.500,00 €

....

....

....

4. Sachverhalt

Am 25. Mai liefert Berger seinem Sohn ohne Berechnung ein Himmelbett als Hochzeitsgeschenk, da dieser am 22. Mai in Hamburg geheiratet hat. Berger hat das Bett im Dezember vergangenen Jahres für netto 3.500,00 € zzgl. USt. eingekauft. Aufgrund einer am 01. Mai eingetretenen Erhöhung des Fabrikabgabepreises müsste er jetzt netto 3.900,00 € zzgl. USt. aufwenden.
Das Himmelbett wird bei Berger zu einem Verkaufspreis von 5.500,00 € (brutto) ausgezeichnet.

....

....

....

5. Sachverhalt

Am 26. Mai wird eine Einbauküche zum Rechnungsbetrag von 9.044,00 € an den Kunden Delta in Elmshorn ausgeliefert.
Der Kunde zahlt am 05. Juni unter Abzug von 3 % Skonto.

....

....

....

6. Sachverhalt

Über ein Zeitungsinserat verkauft Berger am 27. Mai seinen Bass, mit dem er früher in einer Band gespielt hat. Der Verkaufspreis von 119,00 € (brutto) geht am 30. Mai auf dem betrieblichen Bankkonto Bergers ein.

....

....

....

7. Sachverhalt

Am 29. Mai erhält Berger von der Polsterei Schulz für die Aufarbeitung von Möbeln eine Rechnung über 1.785,00 € (brutto) mit dem Vermerk: „Der Rechnungsbetrag enthält 19 % USt."

....

....

....

Aufgabe 3

- Nehmen Sie bei der Prüfung von Vorsteuerabzugsmöglichkeiten für Berger zu der Frage Stellung, ob bisher fehlende Voraussetzungen für den Vorsteuerabzug (siehe 7. Sachverhalt) auch für einen späteren Zeitraum noch hergestellt werden können.

....

....

....

A

Anhang

Inhalt

- Abkürzungsverzeichnis
- Übersicht der wichtigsten Paragrafen der jeweiligen Gesetze
- Glossar
- Index

Abkürzungsverzeichnis

a.F.	alte Fassung
Abs.	Absatz
AfA	Abschreibung für Abnutzung
AfaA	Absetzung für außergewöhnliche Abnutzung
AG	Aktiengesellschaft
AK	Anschaffungskosten
AO	Abgabenordung
Art.	Artikel
AV	Anlagevermögen
BewG	Bewertungsgesetz
BFH	Bundesfinanzhof
BGB	Bürgerliches Gesetzbuch
BMF	Bundesminister der Finanzen
BStBl.	Bundessteuerblatt
EStDV	Einkommensteuer-Durchführungsverordnung
EStG	Einkommensteuergesetz
EStR	Einkommensteuerrecht
EU	Europäische Union
FVG	Finanzverwaltung
GewO	Gewerbeordnung
GewStG	Gewerbesteuergesetz
GG	Grundgesetz
GmbH	Gesellschaft mit beschränkter Haftung
GoB	Grundsätze ordnungsmäßiger Buchführung
GWG	Geringwertige Wirtschaftsgüter
H	Hinweis
HGB	Handelsgesetzbuch
HK	Herstellungskosten
i.d.F	in der Fassung
i.S.	im Sinne
KG	Kommanditgesellschaft
KGaA	Kommanditgesellschaft auf Aktien
KStG	Körperschaftsteuergesetz
LStDV	Lohnsteuer-Durchführungsverordnung
LStG	Lohnsteuergesetz
LStR	Lohnsteuerrecht
OHG	Offene Handelsgesellschaft
p.a.	pro anno/je Jahr
R	Richtlinie
USt	Umsatzsteuer
UStDV	Umsatzsteuer-Durchführungsverordnung
UStG	Umsatzsteuergesetz
UVA	Umsatzsteuer-Voranmeldung
VZ	Veranlagungszeitraum

Übersicht der wichtigsten Paragrafen der jeweiligen Gesetze

Grundgesetz (GG)/Bürgerliches Gesetzbuch (BGB)/Handelsgesetzbuch (HGB)

§§ 17, 106 GG

§§ 187, 193, 447, 929–931 BGB

§§ 253, 255 HGB

Abgabenordnung (AO)

§§ 3, 6, 17–23, 33, 108–110, 118–120, 122, 124–125, 140–141, 148–152, 155, 157–158, 162, 164, 168, 178–180, 233a, 234–235, 237, 240–242, 329, 337–345, 347– 348, 350, 355–357, 361, 367 AO

Bewertungsgesetz (BewG)

§§ 1–2, 9–10, 17–19, 21–24, 27, 33, 48a, 51a, 68, 70, 95–109,121a BewG

Einkommensteuergesetz (EStG)

§§ 2, 4–7, 9–9b, 10–24a, 33, 33a, 33b, 38–38b, 39, 39a, 39b, 39c, 40, 40a, 41a, 41b, 41c, 42b, 44, 46 EStG

Einkommensteuer-Richtlinien (EStR)

R 20 (2), H 32a, R 33 (1), R 40 (2), H 134c EStR

Lohnsteuerdurchführungsverordnung (LStDV)/Lohnsteuer-Richtlinien (LStR)

§§ 1 und 2 LStDV

Abschnitt 128 Abs. 4 LStR

Gewerbesteuergesetz (GewStG)

§§ 1–2, 4, 6–11, 14–16, 19–20 GewStG

Umsatzsteuergesetz (UStG)

§§ 1, 2, 2a, 3, 3a, 3c, 3d, 3f , 4 , 4b, 5, 6, 6a, 8, 9, 9a, 10, 12–20 UStG

Umsatzsteuerdurchführungsverordnung (UStDV)

§§ 33 und 34 UStDV

Glossar

Die Fachwörter dieses Glossars sind im Inhalt mit einem voran gestellten Pfeil gekennzeichnet.

Allphasen-Netto-Umsatzsteuer mit Vorsteuerabzug

Die Umsatzsteuer ist seit dem 01.01.1968 eine Allphasen-Netto-USt. mit Vorsteuerabzug, d.h. die Besteuerung wird auf jeder Wirtschaftsstufe vorgenommen. Die Steuerberechnung erfolgt nach dem Nettopreis ohne USt. unter Abzug der vom Vorunternehmer gesondert in Rechnung gestellten USt. als Vorsteuer.

Anmeldezeitraum

Bei der von Arbeitslohn ermittelten Lohnsteuer durch den Arbeitgeber ist der Anmeldezeitraum grundsätzlich der Kalendermonat, d.h. die angemeldete und vom Arbeitgeber einbehaltene Lohnsteuer ist am 10. Tag nach Ablauf es Anmeldezeitraums fällig und abzuführen (§ 41a Abs.2 EStG).

Dagegen hat ein Unternehmer die Umsatzsteuer-Vorauszahlung für den Voranmeldezeitraum selbst zu berechnen und sie bis zum 10. Tag nach Ablauf des Voranmeldezeitraums anzugeben und zu überweisen. Der Voranmeldezeitraum bei der Umsatzsteuervorauszahlung ist grundsätzlich das Kalendervierteljahr (§ 18 Abs. 2 UStG).

Anschaffungskosten (AK)

Für die Anschaffungskosten hat das Steuerecht keinen eigenständigen Begriff. Es gilt deshalb die nach § 255 Abs.1 HBG definierte handelsrechtliche Regelung, die besagt, dass AK die Aufwendungen sind, die geleistet werden, um einen Vermögensgegenstand zu erwerben und ihn in einen betriebsbereiten Zustand zu versetzen, soweit sie dem Vermögensgegenstand einzeln zugeordnet werden können. Zu den Anschaffungskosten gehören auch die Nebenkosten sowie die nachträglichen Anschaffungskosten. Anschaffungspreisminderungen sind abzusetzen.

Besteuerung

Ziel der Besteuerung ist u.a. die Einflussnahme auf unternehmerische Entscheidungen durch die Gestaltung der Steuerbemessungsgrundlagen, z.B. zur Erreichung bestimmter konjunktureller, sozialer, verkehrs-, umwelt- und gesundheitspolitischer Ziele.

Betriebsvermögen

Das Betriebsvermögen umfasst lt. § 95 Abs. 1 BewG alle Teile eines Gewerbebetriebs im Sinne § 15 Abs.1 und 2 des EStG, die bei der steuerlichen Gewinnermittlung zum Betriebsvermögen gehören. Die Ermittlung des Betriebsvermögens ergibt sich lt. Steuerbilanz aus dem Wert der positiven Wirtschaftsgüter (Aktiva) abzüglich des Werts der negativen Wirtschaftsgüter (Passiva). Das steuerliche Betriebsvermögen stimmt mit dem in der Bilanz ausgewiesenen (Eigen-)Kapital überein. Alle Wirtschaftsgüter, die im Gewerbebetrieb zu mehr als 50 % genutzt werden, gehören zum notwendigen Betriebsvermögen. Wirtschaftsgüter, die zu 10–50 % eigenbetrieblich genutzt werden, sind gewillkürtes Betriebsvermögen.

Direkte Steuern

Die unmittelbare Erfassung der Leistungsfähigkeit wird durch die direkten Steuern vorgenommen, d.h. Besteuerung der Einkommenserzielung aus Ertrag und Vermögenszuwachs. Steuerschuldner und Steuerträger sind dabei identisch. Die direkten Steuern unterscheiden sich in Personensteuern (siehe Personensteuern) und Realsteuern (siehe Realsteuern).

Drittlandsgebiet

Das Umsatzsteuergesetz unterscheidet zwischen Drittland und Gemeinschaftsgebiet. Das Drittlandsgebiet definiert sich lt. § 1 Abs. 2a Satz 3 UStG als das Gebiet, das nicht Gemeinschaftsgebiet ist (siehe Gemeinschaftsgebiet). Zum Drittlandsgebiet gehören z.B. Freihafengebiete und die Insel Helgoland.

Einheitsbewertung

Der Einheitswert ist kein besonderer Wertbegriff, er ist lediglich die Bemessungsgrundlage für verschiedene Steuerarten auf ein und dasselbe Vermögen, d.h. ein einheitlicher Wert für verschiedene Steuerarten (Grund- und Gewerbesteuer). Die Einheitsbewertung ist somit eine turnusmäßige Bewertung aller wirtschaftlichen Einheiten (land- und forstwirtschaftlicher Betriebe, Grundstücke, Betriebsgrundstücke) des inländischen Grundbesitzes.

Einkunftsarten

Im Einkommensteuergesetz (§ 2 Abs.1 EStG) werden die Einkünfte aus sieben Einkunftsarten definiert. So gehören zu den Gewinneinkunftsarten die Einkünfte aus Land- und Forstwirtschaft, Gewerbebetrieb und der selbstständigen Arbeit. Ihre positiven Einkünfte bilden den Gewinn, die negativen den Verlust. Zu den Überschusseinkunftsarten gehören Einkünfte aus nichtselbstständiger Arbeit, Kapitalvermögen, Vermietung und Verpachtung und sonstige Einkünfte. Ihre positiven Einkünfte bilden den Überschuss der Einnahmen über die Werbungskosten, die negativen den Verlust.

Einzelveräußerungspreis

Die untere Bewertungsgrenze für den Teilwert bildet der Einzelveräußerungspreis. Das ist der Preis, der sich bei einer Veräußerung des einzelnen Wirtschaftsguts wahrscheinlich erzielen lässt. Denn für ein überflüssiges Wirtschaftsgut wird der Erwerber sicherlich nicht mehr bieten als den wieder erzielbaren Veräußerungserlös (Extremfall: Schrottwert).

Entgelt

Das Entgelt ist eine wichtige Bemessungsgrundlage bei bestimmten Umsatzarten. So wird der Umsatz bei Lieferungen und sonstigen Leistungen und bei dem innergemeinschaftlichen Erwerb nach dem Entgelt bemessen. Entgelt ist alles, was der Leistungsempfänger aufwendet, um die Leistung zu erhalten, abzüglich der Umsatzsteuer. Zum Entgelt gehört auch, was ein anderer als der Leistungsempfänger dem Unternehmer für die Leistung gewährt (§ 10 Abs.1 UStG). Das Entgelt ist allerdings nicht nur Bemessungsgrundlage, sondern die umsatzsteuerrechtliche Doppelfunktion des Entgelts besteht auch darin, dass es beim Leistungsaustausch Voraussetzung der Steuerbarkeit ist.

Finanzbehörden

Die sachliche Zuständigkeit einer Behörde betrifft den durch Gesetz zugewiesen Aufgabenbereich. Die wichtigste gesetzliche Vorschrift, in der den Finanzbehörden (Bundes- und Landesfinanzbehörden) Aufgabenbereiche dem Gegenstand und der Art nach zugewiesen werden, ist das Gesetz über die Finanzverwaltung (FVG).

Gemeinschaftsgebiet

Das Gemeinschaftsgebiet im Sinne des Gesetzes (§ 1 Abs. 2a Satz 1) umfasst das Inland (siehe Inland) und die Gebiete der übrigen Mitgliedstaaten der Europäischen Gemeinschaft.

Herstellungskosten (HK)

Auch der Begriff der Herstellungskosten ist im Steuerrecht nicht eigenständig festgelegt. Deshalb gilt auch hier die nach § 255 Abs. 2 HBG handelsrechtliche Regelung, die besagt, dass HK die Aufwendungen sind, die durch den Verbrauch von Gütern und die Inanspruchnahme von Diensten für die Herstellung eines Wirtschaftsguts, seine Erweiterung oder für eine über seinen ursprünglichen Zustand hinausgehende wesentliche Verbesserung entstehen.

Indirekte Steuern

Die mittelbare Erfassung der Leistungsfähigkeit wird durch die indirekten Steuern vorgenommen, d.h. Besteuerung der Einkommensverwendung und des Vermögensverkehrs. Steuerschuldner und Steuerträger sind dabei nicht identisch. Die Steuer wird überwälzt (weitergegeben). Die indirekten Steuern teilen sich in Verkehrsteuern (z.B. Umsatzsteuer) und Verbrauchsteuern sowie Zölle auf.

Inland

Das Umsatzsteuergesetz unterscheidet zwischen Inland und umsatzsteuerrechtlichen Ausland. Inland im Sinne des Gesetzes (§ 1 Abs.2 Satz 1 UStG) ist das Hoheitsgebiet der Bundesrepublik Deutschland mit Ausnahme des Gebiets von Büsingen, Helgoland, der Freihäfen, der Gewässer und Watten zwischen der Hoheitsgrenze und der jeweiligen Strandlinie (12-Seemeilen-Zone) sowie der deutschen Schiffe und deutschen Luftfahrzeuge in Gebieten, die zu keinem Zollgebiet gehören. Ausland ist demnach das Gebiet, das danach nicht Inland ist.

Juristische Person

Bei Personen unterscheidet man in natürliche Personen und juristische Personen. Eine juristische Person ist eine Organisation mit eigener Rechtsfähigkeit, d.h. sie kann eigene Rechte und Pflichten haben, deren Träger sie selbst und nicht die Gemeinschaft zusammengeschlossener Personen ist. Grundsätzlich sind juristische Personen Vereine oder Stiftungen; sie handeln mangels natürlicher Handlungsfähigkeit durch ihre Organe (Mitgliederversammlung, Aufsichtsrat, Vorstand). Alle juristischen Personen sind damit voll geschäftsfähig.

Lieferungen

Lieferungen eines Unternehmers sind Leistungen, durch die er den Abnehmer befähigt, im eigenen Namen über einen Gegenstand zu verfügen (Verschaffung der Verfügungsmacht). Eine Vertretung beider Parteien durch Dritte ist dabei möglich (§ 3 Abs. 1 UStG). Der Abnehmer muss in der Lage sein, mit dem Gegenstand nach Belieben zu verfahren, insbesondere ihn wie ein Eigentümer nutzen und veräußern zu können. Eine Lieferung liegt aber auch vor, wenn ein Gegenstand unter Eigentumsvorbehalt verkauft und übergeben wird.

Natürliche Personen

Natürliche Personen sind von der Rechtsordnung rechtsfähig anerkannte Einzelpersonen, d.h. alle Menschen von der Geburt bis zum Tod. Alle natürlichen Personen unter 7 Jahren sind allerdings geschäftsunfähig; beschränkt geschäftsfähig zwischen 7 und 17 Jahren und ab 18 Jahren voll geschäftsfähig.

Personensteuern

Personen(Subjekt-)steuern (Einkommen-, Körperschaft-, Erbschaft-, Kirchensteuer sowie Solidaritätszuschlag) knüpfen an die gesamte wirtschaftliche Leistungsfähigkeit der (natürlichen oder juristischen) Person an. So werden z.B. auch persönliche Lebensumstände, wie Familienstand, Kinderzahl, Alter bei der Einkommensteuer berücksichtigt.

Realsteuern

Die Real(Objekt-/Sach-)steuern (Grund-, Gewerbesteuer) erfasst den Steuergegenstand ohne Rücksicht auf die persönlichen Verhältnisse des Steuerschuldners oder des Steuerträgers.

Steuerarten

Eine Einteilung der Steuerarten ist insbesondere nach

- der wirtschaftlichen Auswirkung (Einteilung in direkte und indirekte Steuern)
- der Ertragskompetenz (Bundes-, Landes-, Gemeinschaft-, Gemeinde- oder Kirchensteuer)
- der Verwaltungspraxis der Finanzbehörden (Besitz-, Verkehrs- und Verbrauchsteuern sowie Zölle)
- Personen-(Subjekt) und Sach-(Real)steuern
- der Abzugsfähigkeit bei der Gewinnermittlung (abzugsfähige und nicht abzugsfähige Steuern) üblich.

Steuerbilanzwert

Dem Grundsatz der Maßgeblichkeit (§ 5 Abs.1 EStG) zufolge sind die nach den Grundsätzen ordnungsmäßiger Buchführung zwingenden oder gewählten Wertansätze der Handelsbilanz grundsätzlich maßgeblich für die Steuerbilanz. Die für Zwecke der Besteuerung zu Grunde zu legende Bilanz ist somit keine eigenständige, sondern eine unter Beachtung der steuerlichen Bestimmungen aus der Handelsbilanz abgeleitete Bilanz. Für Bilanzansatz, -bewertung und -gliederung gelten die handelsrechtlichen Vorschriften aufgrund des Prinzips der Maßgeblichkeit grundsätzlich auch für die Steuerbilanz. Bestehen für den Steuerpflichtigen allerdings Wahlrechte bei der Gewinnermittlung, muss der Gewerbetreibende sein Wahlrecht in der Steuerbilanz in Übereinstimmung mit der Handelsbilanz ausüben. Diese so genannte umgekehrte Maßgeblichkeit führt dazu, die Handelsbilanz an der Steuerbilanz auszurichten.

Steuererklärungspflicht

Eine der wichtigsten Pflichten des Steuerpflichtigen im Besteuerungsverfahren ist die Steuererklärungspflicht. Er ist gesetzlich verpflichtet, die Steuererklärung nach amtlich vorgeschriebenem Vordruck auf elektronischem Weg (ab VZ 2005) dem entsprechenden Finanzamt einzureichen. Der Steuerpflichtige wird aufgrund der selbst zu berechnenden Steuer veranlagt, denn er kennt die von ihm verwirklichten Sachverhalte am besten. Somit ist die Steuererklärung eine Steueranmeldung und gilt als Steuerfestsetzung unter Vorbehalt der Nachprüfung. Ohne Steuererklärungen wäre die Anwendung komplexer Steuergesetze – insbesondere Einkommen- und Umsatzsteuergesetz nicht möglich.

Steuerpflichtiger/Steuerschuldner

Ein Steuerpflichtiger ist, wer Verpflichtungen zu erfüllen hat, die ihm durch die Gesetzgebung auferlegt sind. Solche Pflichten sind z.B. Steuerschuld, Haftung für Steuerschulden, Einbehaltung und Abführung von Steuern für Rechnung Dritter, Abgabe von Steuererklärungen sowie Buchführungs- und Aufzeichnungspflicht (§ 33Abs.1 AO). Dagegen ist eine Person, die Auskunft in einer fremden Steuersache zu erteilen hat, nicht als Steuerpflichtiger anzusehen (§ 33 Abs. 2 AO).

Teilwert

Der Teilwert ist im Gegensatz zu den AK bzw. HK ein speziell steuerrechtlicher Bewertungsmaßstab. Er ist der Betrag, den ein Erwerber des ganzen Betriebs im Rahmen des Gesamtkaufpreises für das einzelne Wirtschaftsgut ansetzen würde; dabei ist davon auszugehen, dass der Erwerber den Betrieb fortführt. Dieser theoretisch definierte Wert dürfte in der Praxis selten vorkommen. Man geht deshalb von Teilwertvermutungen aus (siehe Wiederbeschaffungswert und Einzelveräußerungspreis).

Unternehmen/Unternehmer

Zum Unternehmen gehören sämtliche Betriebe und berufliche Tätigkeiten desselben Unternehmers. Im Rahmen des Unternehmens fallen nicht nur die so genannten Grundgeschäfte, die den eigentlichen Gegenstand der geschäftlichen Betätigung bilden, sondern auch Hilfsgeschäfte (jede Tätigkeit, die die Haupttätigkeit mit sich bringt) an. Der Begriff des Unternehmers ist ein zentraler Begriff des Umsatzsteuerrechts. Unternehmer setzt lt. § 2 Abs. 1 UStG die Selbstständigkeit (auf eigene Rechnung und Verantwortung) und die gewerbliche und berufliche Tätigkeit voraus. Das ist jede nachhaltige (mit tatsächlicher Wiederholung oder Wiederholungsabsicht) Tätigkeit/Leistung mit Einnahmeerzielungsabsicht; dabei ist eine Gewinnerzielungsabsicht nicht erforderlich.

Verwaltungsakt

Auf dem Gebiet des Steuerrechts mündet fast jede Tätigkeit der Finanzämter in Verwaltungsakte (insbesondere Steuerbescheide). Ein Verwaltungsakt ist somit jede Verfügung, Entscheidung oder andere Maßnahme im Verhältnis zwischen Staat und Bürger, die das Finanzamt zur Regelung eines Einzelfalls auf dem Gebiet des Steuerrechts trifft und die auf unmittelbare Rechtswirkung nach außen, also keine rein behördeninterne Maßnahme betrifft, gerichtet ist (§ 118 Satz 1 AO).

Wiederbeschaffungswert

Der Wiederbeschaffungswert bildet die obere Grenze für den Teilwert. Denn für ein betriebsnotwendiges Wirtschaftsgut wird der Erwerber des ganzen Betriebs im Rahmen des Gesamtkaufpreises nicht mehr ansetzen wollen, als er für die Wiederbeschaffung eines Wirtschaftsguts gleicher Art, gleichen Alters und Zustands am Markt bezahlen müsste.

Wirtschaftsjahr

Bei Land- und Forstwirten und Gewerbetreibenden ist der Gewinn nach dem Wirtschaftsjahr zu ermitteln, das nicht immer mit dem Kalenderjahr übereinstimmt. Das Wirtschaftsjahr ist bei Land- und Forstwirten der Zeitraum vom 1. Juli bis zum 30. Juni. So ist der Gewinn des Wirtschaftsjahrs entsprechend dem zeitlichen Anteil aufzuteilen auf das Kalenderjahr, in dem das Wirtschaftsjahr beginnt, und auf das Kalenderjahr, in dem das Wirtschaftsjahr endet.

Wirtschaftsjahr bei im Handelsregister eingetragenen Gewerbetreibenden ist der Zeitraum, für den sie regelmäßig Abschlüsse machen (abhängig von der Unternehmensgründung), d.h. es gilt der Gewinn des Wirtschaftsjahres als in dem Kalenderjahr bezogen, in dem das Wirtschaftsjahr endet (§ 4a EStG).

Zwangsabgabe

Steuern sind allgemeine Zwangsabgaben, die keinen Anspruch auf eine besondere (staatliche) Leistung beinhalten. Sie können also aufgrund der staatlichen Finanzhoheit erhoben werden. Das unterscheidet sie von Gebühren und Beiträgen, die auch als Vorzugslasten bezeichnet werden.

Sachwortverzeichnis

Ebenfalls im Verlag erschienen

EduMedia

Up-To-Date

Bleiben Sie auch weiterhin auf dem Laufenden. Die Up-To-Date-Broschüren Finanzbuchhaltung und Lohn und Gehalt informieren Sie jährlich über aktuelle Gesetzesänderungen. Alle wichtigen Rechtsstandsänderungen sind übersichtlich zusammengestellt und anhand von Beispielen erklärt.

- Sichern Sie sich bereits jetzt die Broschüre **Up-To-Date 2012 - Finanzbuchhaltung** und **Lohn und Gehalt** per Vorbestellung.

Xpert Business

	Titel	Preis (inkl. USt.)	ISBN/Bestellnr.
	Finanzbuchführung 1	22,95 €	978-3-86718-**500**-4
	Finanzbuchführung 1 - Übungen und Musterklausuren	22,95 €	978-3-86718-**550**-9
	Finanzbuchführung 2	22,95 €	978-3-86718-**501**-1
	Finanzbuchführung 2 - Übungen und Musterklausuren	22,95 €	978-3-86718-**551**-6
	Finanzbuchführung mit Lexware	22,95 €	978-3-86718-**502**-8
	Finanzbuchführung mit DATEV (inkl. Teilnehmer-CD)	22,95 €	978-3-86718-**592**-9
	Finanzbuchführung mit DATEV - Dozenten CD	kostenfrei	978-3-86718-**593**-6
NEU	Intensivkurs Finanzbuchführung - Betriebl. Übungsfallstudie	16,95 €	978-3-86718-**594**-3
NEU	Up-To-Date 2011 - Finanzbuchhaltung	9,95 €	978-3-86718-**001**-6
VORBESTELLUNG	Up-To-Date 2012 - Finanzbuchhaltung	9,95 €	978-3-86718-**003**-0
	Lohn und Gehalt 1	22,95 €	978-3-86718-**503**-5
	Lohn und Gehalt 1 - Übungen und Musterklausuren	22,95 €	978-3-86718-**553**-0
	Lohn und Gehalt 2	22,95 €	978-3-86718-**504**-2
	Lohn und Gehalt 2 - Übungen und Musterklausuren	22,95 €	978-3-86718-**554**-7
	Lohn und Gehalt mit Lexware	22,95 €	978-3-86718-**505**-9
	Lohn und Gehalt mit DATEV (inkl. Teilnehmer-CD)	22,95 €	978-3-86718-**595**-0
	Lohn und Gehalt mit DATEV - Dozenten CD	kostenfrei	978-3-86718-**596**-7
NEU	Up-To-Date 2011 - Lohn und Gehalt	9,95 €	978-3-86718-**002**-3
VORBESTELLUNG	Up-To-Date 2012 - Lohn und Gehalt	9,95 €	978-3-86718-**004**-7
	Kosten- und Leistungsrechnung	22,95 €	978-3-86718-**511**-0
	Kosten- und Leistungsrechnung - Übungen und Musterklausuren	16,95 €	978-3-86718-**561**-5
	Controlling	22,95 €	978-3-86718-**508**-0
	Controlling - Übungen und Musterklausuren	22,95 €	978-3-86718-**558**-5
	Bilanzierung	22,95 €	978-3-86718-**507**-3
	Bilanzierung - Übungen und Musterklausuren	22,95 €	978-3-86718-**557**-8
	Steuerrecht	22,95 €	978-3-86718-**506**-6
	Steuerrecht - Übungen und Musterklausuren	16,95 €	978-3-86718-**556**-1
	Finanzwirtschaft	22,95 €	978-3-86718-**510**-3
	Finanzwirtschaft - Übungen und Musterklausuren	22,95 €	978-3-86718-**560**-8

Xpert Business WirtschaftsWissen

Titel	Preis (inkl. USt.)	ISBN/Bestellnr.
Systeme und Funktionen der Wirtschaft	11,95 €	978-3-86718-**600**-1
Wirtschafts- und Vertragsrecht	11,95 €	978-3-86718-**601**-8
Unternehmensorganisation und -führung	11,95 €	978-3-86718-**602**-5
Produktion, Materialwirtschaft und Qualitätsmanagement	11,95 €	978-3-86718-**603**-2
Finanzen und Steuern	11,95 €	978-3-86718-**604**-9
Marketing und Vertrieb	11,95 €	978-3-86718-**605**-6
Personal- und Arbeitsrecht	11,95 €	978-3-86718-**606**-3
Rechnungswesen und Kostenrechnung	11,95 €	978-3-86718-**607**-0
WirtschaftsWissen - kompakt	22,95 €	978-3-86718-**611**-7
WirtschaftsWissen für Existenzgründer	29,95 €	978-3-86718-**612**-4

WirtschaftsWissen kompakt

Das Buch fasst eine Auswahl wichtiger und besonders relevanter Themen aus der Fachbuchreihe 8x8-WirtschaftsWissen zusammen. Es bietet fundiertes und aktuelles Basiswissen zum Verständnis des Wirtschafslebens und einen orientierenden Einstieg in das Xpert Business-System.

- Baustein 1 - Systeme und Funktionen der Wirtschaft
- Baustein 2 - Wirtschafts- und Vertragsrecht
- Baustein 3 - Unternehmensorganisation und -führung
- Baustein 4 - Produktion, Materialwirtschaft und Qualitätsmanagement
- Baustein 5 - Finanzen und Steuern
- Baustein 6 - Marketing und Vertrieb
- Baustein 7 - Personal- und Arbeitsrecht
- Baustein 8 - Rechnungswesen und Kostenrechnung

Xpert Personal Business Skills

Titel	Preis (inkl. USt.)	ISBN/Bestellnr.
Wirksam vortragen - Rhetorik 1	15,95 €	978-3-86718-**080**-1
Erfolgreich verhandeln - Rhetorik 2	15,95 €	978-3-86718-**081**-8
Zeit optimal nutzen - Zeitmanagement	15,95 €	978-3-86718-**082**-5
Erfolgreich verkaufen - Verkaufstraining	15,95 €	978-3-86718-**083**-2
Projekte realisieren - Projektmanagement	15,95 €	978-3-86718-**084**-9
Konflikte lösen - Konfliktmanagement	15,95 €	978-3-86718-**085**-6
Erfolgreich moderieren - Moderationstraining	15,95 €	978-3-86718-**086**-3
Probleme lösen und Ideen entwickeln	15,95 €	978-3-86718-**087**-0
Kompetent entscheiden und verantwortungsbewusst handeln	15,95 €	978-3-86718-**088**-7
Teams erfolgreich entwickeln und leiten	15,95 €	978-3-86718-**089**-4
Overhead-Folien und Bildschirmshows	15,95 €	978-3-86718-**090**-0
Präsentationen gekonnt durchführen	15,95 €	978-3-86718-**091**-7

EDV

Titel	Preis (inkl. USt.)	ISBN/Bestellnr.
Grundlagen der EDV XP	13,95 €	978-3-86718-**310**-9
Windows XP	13,95 €	978-3-86718-**318**-5
PC-Starter - Version für Windows 7	13,95 €	978-3-86718-**340**-6
Grundlagen Internet XP	13,95 €	978-3-86718-**311**-6
Textverarbeitung XP	13,95 €	978-3-86718-**312**-3
Textverarbeitung 2003	13,95 €	978-3-86718-**332**-1
Textverarbeitung 2007	13,95 €	978-3-86718-**341**-3
Tabellenkalkulation XP	13,95 €	978-3-86718-**313**-0
Tabellenkalkulation 2003	13,95 €	978-3-86718-**333**-8
Tabellenkalkulation 2007	13,95 €	978-3-86718-**342**-0
Datenbanken XP	13,95 €	978-3-86718-**314**-7
Datenbanken 2007	13,95 €	978-3-86718-**343**-7

Xpert Culture Communikation Skills

Titel	Preis (inkl. USt.)	ISBN/Bestellnr.
Interkulturelle Kompetenz	19,95 €	978-3-86718-**200**-3
Cross-cultural competence (englischsprachige Ausgabe)	21,95 €	978-3-86718-**201**-0
Leben und Arbeiten in Deutschland	11,95 €	978-3-86718-**202**-7

Bilanzierung

Das Lehrbuch vermittelt umfassende Kenntnisse der Bilanzierung als Bestandteil des externen Rechnungswesens.

- Grundlagen der Bilanzierung
- Inhalt und Gliederung der Bilanz
- Vorschriften zur Bewertung in der Bilanz
- Bewertung des Anlagevermögens
- Bewertung des Umlaufvermögens
- Bewertung des Fremdkapitals
- Bilanzierung und Bewertung sonstiger Posten
- Bilanzierung des Eigenkapitals
- Jahresabschluss bei Kapitalgesellschaften
- Einführung in die Bilanzanalyse
- Grundzüge der Konzernrechnungslegung
- Grundlagen der internationalen
- Rechnungslegung

Büroorganisation

Titel	Preis (inkl. USt.)	ISBN/Bestellnr.
Büroorganisation und Arbeitsoptimierung (HardCover-Ausgabe)	34,80 €	978-3-86718-**400**-7
Büroorganisation (SoftCover-Ausgabe)	27,80 €	978-3-86718-**402**-1
LOTUS NOTES- und IT-Anwendungen	9,95 €	978-3-86718-**401**-4

Büroorganisation

Dieses Praxishandbuch zeigt Ihnen:

- wie Sie mit der neuen Arbeitsmethode 4C Ihre Arbeit in Sekretariat und Büro effizient und effektiv organisieren,
- wie Sie mit einer optimalen Büroausstattung aber auch durch einfache Tricks und kleine Alltagshilfen Ihren Arbeitsplatz übersichtlich einrichten, die tägliche Büroarbeit vereinfachen und sich von Zettelwirtschaften befreien,
- wie Sie am Telefon, per Fax, Brief und E-Mail schnell, sicher und souverän kommunizieren, und Termine professionell und zeitgemäß managen,
- wie Sie Gäste stilsicher betreuen und Events professionell planen und durchführen und die Reisen Ihres Chefs effizient und professionell organisieren.

Darüber hinaus gibt dieses Praxishandbuch Einblicke in wichtige Zusammenhänge und Begrifflichkeiten der Betriebswirtschaft, des Controllings und der Verhaltenspsychologie und stellt die wichtigsten Managementinstrumente vor.

Konditionen und Kundenservice

Bestellservice und Kundenservice

Ob es um Fragen zu unseren Produkten, zu einer Lieferung oder um aktuelle Informationen geht, unser Kundenservice ist gern für Sie da. Sie werden von Ihrem persönlichen Kundenbetreuer individuell beraten oder mit dem Experten für die jeweiligen inhaltlichen Fragen verbunden.

- Online: www.edumedia.de
  Bestellen Sie zu jeder Tages- und Nachtzeit. Zeitunabhängig und zuverlässig.

- Telefon-Hotline: 05031 - 909800
  Treffen Sie individuelle Absprachen mit Ihrem persönlichen Kundenbetreuer. Wir sind flexibel!

- Fax: 05031 - 909801
  Nutzen Sie das beiliegende Faxformular.

- E-Mail: info@edumedia.de
  Bestellen Sie bequem und zeitunabhängig.

Bestellformular

(auch per Fax an 05031 - 90 98 01)

Zu Händen: Frau Karola Macholdt

Ich bestelle:

Anzahl	Titel	Bestellnummer / ISBN

	Rechnungsanschrift	Lieferanschrift
Institut		
Straße		
PLZ / Ort		
Ansprechpartner		
Telefon		
E-Mail		
Kundennummer		

☐ Ich habe die Allgemeinen Geschäftsbedingungen der EduMedia GmbH zur Kenntnis genommen und stimme diesen zu. (Die AGB finden Sie in unserem aktuellen Katalog oder auf der Website www.edumedia.de)

EduMedia-Kundenservice:

Logistikzentrum

Ziegelhüttenweg 4
98693 Ilmenau

Kundenservice

Telefon: 05031 - 90 98 00
Fax: 05031 - 90 98 01

E-Mail/Web

info@edumedia.de
www.edumedia.de

Unsere Lieferbedingungen

Lieferungen erfolgen bei 1 Exemplar als Büchersendung mit einer Versandkostenpauschale von 3,00 Euro (inkl. MwSt), ab 2 Exemplaren erfolgt die Lieferung als versichertes Paket.
Weitere Informationen zu unseren Lieferbedingungen erfahren Sie unter: www.edumedia.de/lieferbedingungen

Widerrufsbelehrung

Widerrufsrecht

Sind Sie Verbraucher und haben Sie mit der EduMedia GmbH einen Vertrag unter ausschließlicher Verwendung von Fernkommunikationsmitteln, insbesondere per Telefon, E-Mail oder Telefax oder über den EduMedia-Online-Shop (Warenkorb) geschlossen, können Sie Ihre Vertragserklärung innerhalb von 14 Tagen ohne Angabe von Gründen in Textform (z.B. Brief, Fax, E-Mail) oder - wenn Ihnen die Sache vor Fristablauf überlassen wird - durch Rücksendung der Sache widerrufen. Die Frist beginnt nach Erhalt dieser Belehrung in Textform, jedoch nicht vor Eingang der Sache beim Empfänger und auch nicht vor Erfüllung unserer Informationspflichten gemäß Art 246 § 2 EGBGB in Verbindung mit § 1 Abs. 1 und 2 EGBGB sowie unserer Pflichten gemäß § 312e Abs. 1 Satz 1 BGB in Verbindung mit Art. 246 § 3 EGBGB. Zur Wahrung der Widerrufsfrist genügt die rechtzeitige Absendung des Widerrufs oder der Sache.
Der Widerruf sowohl durch Rücksendung der Sache als auch per Brief ist zu richten an:

EduMedia GmbH
Ziegelhüttenweg 4
98693 Ilmenau

oder per Fax an: 05031 - 90 98 01
oder per E-Mail an: info@edumedia.de

Widerrufsfolgen

Im Falle eines wirksamen Widerrufs sind die beiderseits empfangenen Leistungen zurückzugewähren und ggfs. von uns gezogene Nutzungen (z. B. Zinsen) herauszugeben. Können Sie uns die empfangene Leistung ganz oder teilweise nicht oder nur in verschlechtertem Zustand zurückgewähren, müssen Sie uns insoweit ggfs. Wertersatz leisten. Bei der Überlassung von Sachen gilt dies nicht, wenn die Verschlechterung der Sache ausschließlich auf deren Prüfung - wie sie Ihnen etwa in einem Ladengeschäft möglich gewesen wäre - zurückzuführen ist. Für eine durch die bestimmungsgemäße Ingebrauchnahme der Sache entstandene Verschlechterung müssen Sie keinen Wertersatz leisten.

Rücksendung

Für Rücksendungen stimmen Sie sich bitte telefonisch oder per Mail mit unserem Kundenservice (s.o.) ab. Paketversandfähige Sachen sind auf unsere Gefahr zurückzusenden. Sie haben die Kosten der Rücksendung zu tragen, wenn die gelieferte Sache der bestellten Sache entspricht und wenn der Preis der zurückzusendenden Sache einen Betrag von 40 Euro nicht übersteigt oder wenn Sie bei einem höheren Preis der Sache zum Zeitpunkt des Widerrufs noch nicht die Gegenleistung oder eine vertraglich vereinbarte Teilzahlung erbracht haben. Anderenfalls ist die Rücksendung für Sie kostenfrei. Nicht paketversandfähige Sachen werden bei Ihnen abgeholt. Verpflichtungen zur Erstattung von Zahlungen müssen innerhalb von 30 Tagen erfüllt werden. Die Frist beginnt für Sie mit der Absendung Ihrer Widerrufserklärung oder der Sache, für uns mit deren Empfang.